走进李家

汪国云 主编

光明日报出版社

图书在版编目（CIP）数据

走进李家 / 汪国云主编 . -- 北京：光明日报出版社，2023.12

ISBN 978-7-5194-7644-1

Ⅰ.①走… Ⅱ.①汪… Ⅲ.①地方文化－建德 Ⅳ.① G127.554

中国国家版本馆 CIP 数据核字 (2023) 第 239982 号

走进李家
ZOUJIN LIJIA

主　　编：汪国云	
责任编辑：杜春荣	责任校对：房　蓉　杨　雪
封面设计：悟阅文化	责任印制：曹　净

出版发行：光明日报出版社
地　　址：北京市西城区永安路 106 号，100050
电　　话：010-63139890（咨询），63131930（邮购）
传　　真：010-63131930
网　　址：http://book.gmw.cn
E - mail：gmrbcbs@gmw.cn
法律顾问：北京市兰台律师事务所龚柳方律师

印　　刷：三河市华东印刷有限公司
装　　订：三河市华东印刷有限公司

本书如有破损、缺页、装订错误，请与本社联系调换，电话：010-63131930

开　　本：145mm×210mm	
字　　数：181 千字	印　　张：6.5
版　　次：2024 年 7 月第 1 版	印　　次：2024 年 7 月第 1 次印刷
书　　号：ISBN 978-7-5194-7644-1	
定　　价：65.00 元	

版权所有　翻印必究

编委会

主　任：何洪宇
副主任：董　风　陈向阳
成　员：郑　莹　姚　飞　周乐元　王耀平
　　　　徐三凯　俞双勇　尚　飞　卜旖旎
　　　　刘玉宏　吴苏明　饶英璋　张　苏
　　　　翁　洁

主　编：汪国云
编　委：（以姓氏笔画为序）
　　　　杨洪明　汪增祥　唐国强

序言

　　李家镇位于浙江省建德市西南部，西界衢州、北连淳安，虽然地处偏远，但人文风物依然有其明显的特点，李家的历史文化积淀，也是旧时寿昌县乃至严州文化中的重要组成部分。最令李家人自豪的是，掀开浙江古人类发展史册的，就是生活在新桥村乌龟洞的"建德人"。乌龟洞"建德人"的考古发现是浙江省首次发现的旧石器时代的人类化石。这一重大考古发现，使浙江境内没有古人类的状况成为历史，初露了浙江远古文化之端倪，将浙江人类活动的历史一下子从几千年可追溯到十万年前。

　　2006年1月，时任中共浙江省委书记的习近平在《与时俱进的浙江精神》一文中就指出："远在数万年前，浙江大地就已出现了'建德人'的足迹……""建德人"的发现，增加了智人化石在我国分布的新知，揭开了人类发展史"浙江篇"的序幕。我们翻看当代历史书籍就会发现，但凡要表述浙江历史的时候，开篇必然要提到建德市李家镇，因为"建德人"遗址是浙江人类文明史现今可考的源头，建德人遗址被称为"浙江文明的曙光"。

　　人们在赞美一个地方的时候，常常会用"人杰地灵"来形容，如果把这个词用在李家镇，也是恰如其分。李家具有悠久的历史和底蕴深厚的文化及前人留下的宝贵财富：晚唐诗人李频擎起了睦州诗派的大旗，树立了勤政为民的"神王"形象；南宋叶义问以一介书生之身份，与虞允文大败金兵于采石矶，为文臣赢得了极大的声誉。以及近现代的余大斌、王根凤等先进人物，都是李家人的骄傲。现在李家镇政府所在地，旧时称四灵乡，有着独特的自然景观和历史文化，包括现在全镇管辖的范围，都有着丰厚的文化资料，值得组织专业人员好好收集整理、研究提升、传承传播、发扬光大。

孔子说："温故而知新，可以为师矣。"我们了解历史、重温历史，是为了更好地珍惜现在、走向未来。李家镇境内生态环境优美，自然风光秀丽，既是家居之地，更是理想的休闲度假胜地。这一片热土，是众多生活在外与这里有关的人士共同的精神家园和心灵家园，李家人民正以饱满的精神走向幸福、美丽、和谐、共富、美好的明天。

乡村振兴，文化同行。缺少具有地域特色的历史文化支撑，这个地方的精神就没有个性，自然就没有文化自信可言。美丽乡村建设，要抓好外在美和内在美两方面。本土文化建设就是内在美的重要内容。徒有漂亮的外表，缺乏文化内涵，就不能算圆满。突出本地独特的历史文化和地域文化，抓好乡村文化建设，是铸就乡村灵魂、泽被后世的事业。

习近平总书记指出："一个国家、一个民族的强盛，总是以文化兴盛为支撑的，中华民族伟大复兴需要以中华文化发展繁荣为条件。文化的繁荣发展是一个国家最深沉的软实力，是一个国家综合国力的重要组成部分。"现在，李家镇党委、政府在带领全镇人民同走共富路的同时，重视文化建设，组织人员挖掘、整理本地历史文化，积极开展"乡贤写乡史"工作，是值得充分肯定的。传承本地乡土文化并发扬光大，是为了立足当下，在共富路上行稳致远。历史文脉作为传统文化的重要组成部分，蕴含着乡村治理的智慧与经验，是促进乡村和谐稳定发展的重要基石。做好乡土文化挖掘、整理，把研究成果充分运用到乡风文明建设中去，发挥其应有的积极作用，更好地为乡村振兴服务，是乡村振兴同走共富路的重要内容。传承优秀文化，赋能乡村振兴。

是为序。

建德市人大常委会主任：

2023年3月

前言

　　李家镇独特的地理环境孕育了富有特色的历史文化和地域文化，这是一份宝贵的精神财富。为了系统地挖掘、收集、整理李家镇范围内的乡土文化，形成较为完整的李家镇文化文本，将散落各村的文化微光凝聚成精神火焰，2022年4月，李家镇党委、政府研究决定，正式启动"赓续历史文脉、乡贤编纂乡史"工作，邀请四名有一定专长的李家镇籍老同志组成编撰工作小组，负责挖掘、收集、整理李家镇的历史文化和乡土文化。

　　编撰组成员前后花了近十个月的时间，进行实地采访、查阅资料、拟写提纲；然后，分工编撰，数易其稿，最后形成了《走进李家》的书稿。

　　《走进李家》一书旨在向读者展示李家镇特有的地理风貌和历史人文，让更多的人了解李家镇的历史文化，仔细体味，得到教益。全书共八章：第一章"概述"，综合介绍李家镇的地理地貌、历史沿革、经济发展、社会事业等方面的情况，让读者了解李家镇概况；第二章"锦山秀水"，选择李家镇境内部分具有代表性的山峰与溪流进行记述，起到窥一斑而知全豹的作用；第三章"美丽乡村"从李家镇所属的十个建制村各选择某个有特点的侧面加以简要描述，体现各个村的不同特色与成就；第四章"杰出人物"，李家镇山川毓秀、人杰地灵，历代都有出众的能人贤达，本章选择唐刺史李频、宋同知枢密院叶义问进行较为详细的刻画介绍，目的在于鼓励后人见贤思齐好修德，学习行动有榜样；第五章"遗址古迹"，叙述以"建德人"遗址为重点的李家镇境内遗址古迹，进一步增强大家的文物保护意识；第六章"红色文化"，分"血雨腥风""拂晓霞光""保家卫国""烈士模范"四个小节，较为生动地记录了李家镇的革命先烈和先进人物的优秀事迹，教育青少年继承红色基因不忘本，热爱祖国、热爱家乡；第七章"诗文选粹"分"李家古诗选粹"与"李家文选"两部分，介绍晚唐诗人李频、南宋抗金名将叶义问、明代三元宰相商辂等著名人物的诗文，并从农户宗谱中选出部分"八景诗"进行注释介绍，以期文脉相连、诗韵永存；第八章"民间传说"将收集到的大量素材进行再创作，编撰出具有本地特点的传说故事，表达了李家人蔑视权贵、刚正不阿、惩恶扬善、积善行德、同情弱小、尊师重教等朴素的情感。

总之，《走进李家》是一本全方位向读者介绍李家镇历史文化的精要之书。全书约11万字，较为翔实地记述李家镇的自然环境和历史人文，涵盖面比较广泛，内容比较丰富。

历史是民族的记忆，文化是乡村的灵魂，李家镇乡土文化是我们的宝贵财富，我们一定要很好地爱护、传承和弘扬，使历史记忆得以传承、历史文脉得以延续。《走进李家》一书的完成，既是对"赓续历史文脉、乡贤编纂乡史"工作成果的展示，更是希望能够以此书的出版为契机，让更多的人关注、了解、热爱李家镇。

李家镇是投资者的热土，创业者的乐园。继大型水泥企业——建德海螺入户李家后，又有投资亿元以上的双超钙业、华宇纳米、健丰钙业等企业相继建成投产。镇党委、政府制定了系列招商引资优惠政策和全程代理服务制度，本着"服务企业就是最好的招商引资条件"的理念，竭力完善基础设施，提高办事效率，营造良好的投资环境。开放、前进中的李家镇,热诚欢迎四海宾朋来投资开发,共谋发展共创新业。

今天,创业创新、李家镇共富又站在新一轮再创辉煌的起点上。我们大家要共同努力——吸纳这里的灵气,传承先贤的仁德大义,实干兴业,创新有为,把李家建设得更加美好,让生活在这里的人们享受幸福,也让在外的游子留得住乡愁!编撰李家镇历史,目的就是体现本地特色、突显李家镇优势、提炼精神内核,用以提振广大人民群众的精气神,鼓舞士气,为李家镇的美好明天共同努力。

2023年3月

目录
CONTENTS

第一章　概述 ……………………………………… 001

　　第一节　地理地貌 ………………………………… 002
　　第二节　历史沿革 ………………………………… 003
　　第三节　经济发展 ………………………………… 007
　　第四节　社会事业 ………………………………… 018

第二章　锦山秀水 …………………………………… 023

　　第一节　山 ………………………………………… 024
　　第二节　水 ………………………………………… 037

第三章　美丽乡村 …………………………………… 044

　　第一节　石鼓村 …………………………………… 044
　　第二节　白马村 …………………………………… 046
　　第三节　长林村 …………………………………… 049

第四节　三溪村 …………………………………… 051
第五节　沙墩头村 ………………………………… 053
第六节　龙桥村 …………………………………… 056
第七节　李家村 …………………………………… 058
第八节　新联村 …………………………………… 060
第九节　新桥村 …………………………………… 064
第十节　诸家村 …………………………………… 065

第四章　杰出人物 …………………………………… 069

第一节　李频 ……………………………………… 069
第二节　叶义问 …………………………………… 080

第五章　遗址古迹 …………………………………… 089

第一节　遗址 ……………………………………… 089
第二节　古迹 ……………………………………… 090

第六章　红色文化 …………………………………… 111

第一节　血雨腥风 ………………………………… 112
第二节　拂晓霞光 ………………………………… 117
第三节　保家卫国 ………………………………… 118
第四节　烈士模范 ………………………………… 127

第七章　诗文选粹　　136

　　第一节　李家古诗选注　　136
　　第二节　李家文选（9篇）　　156

第八章　民间传说　　166

　　第一节　商阁老传说　　166
　　第二节　诸家段龙传说　　168
　　第三节　新桥真命天子传说　　169
　　第四节　仰山庙传说　　172
　　第五节　李家新娘传说　　175
　　第六节　四灵山传说　　176
　　第七节　乌龙大帝传说　　180

参考文献　　186

后记　　189

第一章 概述

李家镇是浙江人类历史的发源地，浙江精神孕育地。在该镇新桥村乌龟洞发现一枚古人牙化石，经鉴定属于更新世晚期后一阶段的"柳江人"一类的智人类型，距今约有10万年，被中国科学院定名为"建德人"。这是浙江省迄今为止发现的唯一原始人遗迹，它表明浙江省是中华民族光辉灿烂的文明发源地之一，具有十分重要的意义和价值。

李家镇街景

李家镇现有行政区域面积104.97平方公里，辖10个行政村、一个居民区，2021年年末户籍总人口20363人。交通便利，305省道在境内横贯14千米，北通杭沪，南达赣闽，镇内公路通至各村，镇政府驻地西塘蓬，距市治新安江镇35千米，距著名风景区"灵栖洞天"6千米。李家镇曾获国家级生态乡镇，浙江省美丽乡村示范乡镇、教育强镇、卫生乡镇，杭州市综合治理先进乡镇、卫生乡镇、语言文字规范化街道（乡镇），建德市文明乡镇等荣誉称号。

第一节　地理地貌

李家镇位于东经118°53′46″~119°03′29.9″，北纬29°14′46.9″~29°22′46.1″，在建德市西南部，是建德市、衢州市、淳安县交界处三角地带的中心。

明万历《严州府志》在表述旧时寿昌县境界时，有这样的文字内容："……西至遂安县（界）七十五里，以黄连岭为界，自界至遂安七十里；……西南到衢州府西安县（界）六十里，以鹅笼山为界，自界到西安五十里；……西北到淳安县（界）五十里，以辽岭为界，自界到淳安七十五里。"这三处县与县交界点都分布在现在的李家镇境内。该镇东北与航头镇接壤，东南与大同镇相连，西与衢州市衢江区峡石镇交界，北与淳安县里商乡相接。从最东面到最西面约16千米，从最南面到最北面约15千米，区域面积109平方千米。

水利部门资料显示，李家镇属亚热带中部湿润季风气候，四季分明，雨水丰沛，常年雨日160天左右，年均降水1780毫米，年平均气温17℃左右。常年11月下旬初霜，3月中旬终霜，无霜期254天。年均日照时数1940小时，年均日照百分率44%。

李家镇地势西北高，东南低，为中低山区。这里的山峰山岭属千里岗山系余脉，山地大多在500米以上，是古生代的砂岩和石灰岩等沉积岩组成。石鼓村千里岗山脉卢桐源尖，是建德市、淳安县与衢江区三地界点，海拔1226.6米，为建德市最高点。辖区陆地

103.82平方千米，其中耕地1286.67公顷、林地7464.3公顷、水域98公顷。

山岭和岩层均呈北东—南西走向，受地质构造控制，山势陡峻，山坡流水侵蚀明显，切割较深，常见基岩裸露，相对高差一般达四百米至六百米；山间沟谷狭窄，纵坡大，水流湍急，形成千峰竞秀、万壑争流的壮丽景观。山地石灰岩出露广泛，长期受流水溶蚀，岩溶（喀斯特）地貌发育典型。山坡溶沟遍地，坡形崎岖、怪石嶙峋，山体普遍发育有溶洞。洞内流水淙淙，石笋石柱千姿百态，宛如仙境。比如，沙墩头村的前山洞、李家村前山排的龙洞、龙桥村上桐桥的马头山洞、白马村的陛洞等。这些溶洞的规模虽然不及相邻的航头镇灵栖洞大，但溶洞的特点都相仿。

李家镇境内有多条河流，其中大坑源水流从西北卢桐源向东南流来，至小源口后，成为寿昌江源头；源自百箩坪一带的西坑源、北坑源两源流水在沙墩头村杨家口汇合，是蛟溪的源头。蛟溪水流一路向东，在新联村舒家自然村南汇入合溪源之水、到诸家村南又汇入新桥溪之水，流出李家水口，进入大同镇潘村境内。

第二节　历史沿革

李家镇政府所在地西塘蓬，以前附近有一座庵堂，叫作富峰庵，所以旧时这个地方也叫"富峰"。建德历史上最有名气的本土籍人士、唐代诗人李频后裔迁移到这里安家落户后，渐渐繁衍发展，成为一个大村庄，所以称李家。又因境内有龙、凤、龟、麟四座山，现在李家镇的中心区域以前称"四灵乡"。

民国二十年（1931）十月十日出版《浙江寿昌县经济调查·概说》说："寿昌为禹贡扬州之域，汉为富春地，吴置新昌县，至晋始有寿昌之名。隋省入新安县，唐复置，隶睦州。宋属严州府，改属建德府。元属建德路。明属建安府，改属建德府，寻改严州府。清因之。民国废府，仍为寿昌县治。"寿昌"前自治区域，计分九区，自区公所成立，并为五区"，李家镇一带以前属于寿昌县西乡，行政区划自然是随着县域变化而变化。

据史料记载，李家镇现在的辖区范围，早在一千多年前的宋代属寿昌县永平乡管辖；到明万历六年（1578）是寿昌县八都、九都属地（都是古代一种行政区划制度，按照人口、户数来划分，是征收皇粮国税的依据，寿昌县分为十五个都）；清雍正六年（1728）为寿昌县交溪、长林、后童、山坑等庄属地，光绪八年（1882）地域所属同前；民国初，系寿昌县西乡四灵区属地，民国二十一年（1932），为寿昌县交溪、长林、后童、山坑等乡属地。民国二十四年（1935）完成乡镇整顿后，此地为寿昌县龙山乡、合新乡、福民乡、三民乡属地，民国二十五年（1936）六月，出现了"四灵乡"的名称。解放前后，为寿昌县四灵乡、长林乡属地；1950年7—8月划建小乡后，为寿昌县李家乡、长汀乡（后改龙桥乡）、长林乡、石鼓乡等乡属地；1956年4月，设置李家乡、长林乡；在"人民公社化"运动中，属寿昌县大同公社（1958年11月，原寿昌县并入建德县）；1961年7月，设置李家公社、长林公社；1983年11月改为李家乡、长林乡；1992年，经国务院批准，撤销建德县，设立建德市，同年4月，全市开展撤区并乡，李家乡与长林乡合并后组成李家镇。

【民国时的都与图】 民国十六年（1927）十一月，寿昌县共分10个区，区下设都、图、村。其中与现在李家镇相关的村庄如下：

8都：设1、2图，归永平区管辖。

1图辖：长林口、后童、张坞、夏家、桑洲、桥头、郑家、金鸡山脚、富脚、马园、小源口、大坑源、炭岭背、石顾、邵家、界头、马家、长林源18个村。

2图辖：下马桥、儒卜口、万年、石郭源、乌石桥、孤山脚、莫家、平塘、翁家、禹甸、小溪源、高枧、李家、管村桥、山坑、吴村坞、杨家、童管坞、石塔坞、弥陀山、叶村、童村、王坞口、马家、墙坞口、大源口、龙角27个村。

9都：设1、2图，归四灵区管辖。

1图辖：西坑源、北坑源、合溪源、上桐桥、石明堂、沙墩头、项山脚、西山下、舒家、上前方、大山庄、小源庄、方塘坞、白银珠、杨家庄、沈家、涂家、塘底、塘山脚、新桥庄、枫树岗、项头排、江家23个村。

2图辖：李家、邵家、西塘蓬、大塘庄、大坞庄、上前山、前山牌、傅村、诸家、州昏庄、动山脚、洞塘庄、潘村溪、邵家、寻芳、后坞、下童、觉宁、潘村湾、童村、枫树岗、新塘边、马尾庄23个村。

【1956年前消失的乡】 1950年8月至年底，部分民国末年从旧政权过渡而建立的旧乡被拆变、撤并；1956年3—4月，为了适应农业合作化高潮，根据国家关于"机构精简"、浙江省关于调整行政区划的批示，开展撤区并乡，精简整编小规模乡，这些被撤并之旧乡、小乡，其名称也因停用而渐至消失，成为历史地名。

四灵乡 原寿昌县地域，范围大致相当于后来之李家公社，驻地李家。清末提倡自治时期有非行政区划概念之四灵乡。光绪时即有"四灵"行政区划专名。1950年8月，拆建为李家、长汀两个乡。

李频诗集

永平乡 原寿昌县地域，范围大致相当于后来之上马、长林两个公社，驻地下马桥。古时，寿昌按方位分乡时，即有"永平乡"，指岘岭以西之寿昌县西乡。清末提倡自治时期有非行政区划概念之永平乡，范围大致为后来的上马、长林两公社地域。民国二十五年（1936）六月始有"永平"乡名，范围相当于后来之上马公社地域。1950年8月，拆建为大源、下马桥、长林、石鼓四个乡。

石鼓乡 原寿昌县地域，以乡政府驻地石鼓而得名。1950年建乡时，辖界头、后童、石鼓、大坑源等村。1956年撤乡，与长林乡合并新设长林乡。

龙桥乡 原寿昌县地域，以乡地域内有龙山而得名。相当于民国二十四年（1935）十月所置的龙山乡范围。1950年建乡时，辖新桥、上桐桥、石门堂、沙墩头、北坑源、西坑源等村。1956年撤乡，与李家乡合并组建新的李家乡。

【**2011年前消失的乡镇（公社）**】 长林乡位于市域西南部，以驻地得名。民国二十一年（1932）始有"长林"乡名，民国二十四年（1935）废，民国二十九年（1940）重设。经新旧政权过渡、划建小乡，至1956年与石鼓乡合并，组建新的长林乡。1958年9月，与李家、上马、溪口、劳村、洞山、大同乡合并建立大同公社。1961年7月，以1958年的长林乡地域建置长林公社，辖8个大队；1983年12月建乡。1992年4月因行政区划调整撤销，与李家乡合并新设李家镇。

【**2007年消失的建制村**】 2007年，建制村规模调整时，全市由512个村并为232个村，仅71个建制村未做调整。

李家村 李家（李家、傅村）、曙光（曙光、马尾山、大塘里、凉亭边、塘山脚、塘底）、前山排（西塘蓬、上前山、前山排、大坞里）；

石鼓村 石鼓（石鼓、小源口、金鸡山脚、畈脚、桥头、郑家、大岭背、瓦岗山、金鸡岭——这三个自然村地名二普时已不存在）、大坑源（中间槽、翁家、上方岭脚、大坑源——这个自然村地名二普时新增）；

白马村 长林源（乌石坞、饶家、孙家、前庄畈、猫石、刘家、鲍家、太背——这四个自然村地名二普时新增），界头（界头、赛里、邵家、邱家，邵家对面、白虎堂、朱佛寺、舒坞——这四个地名二普时已不存在）；

长林村　长林口（长林口、煤山垄、马畈），后童（后童、夏家、上洲）；

三溪村　（上三溪、下三溪、乌羊苏、牛头坞、方西坞、石头坞，太保庙——这个自然村地名二普时已不存在，中央片、舒坞——这两个自然村地名二普时新增）；

沙墩头村　沙墩头（沙墩头、杨家口、杜家），北坑源（上马家、下马家、谢家），西坑源（西坑源、白银珠、甘花坞、水口上、明弯里）；

龙桥村　上桐桥（上桐桥、太祖庙、高岭岸，马头山——这个自然村二普后新增），石门堂（石门堂、金堂庙、东坞里、何家、葫芦墩、石碧底，山朝塘——这个自然村地名二普时新增），前坊（前坊）；

新桥村　（白坞里、航头牌、后亭、黄泥口、赖家、庙边、排上、邱家、遥岭坑、鱼塘里、枣园里、樟坞坑、郑家、新屋里）；

新联村　舒家（舒家、西山下，下蓬——这个自然村地名二普后新增），项山（项山脚、上马经岗，竹龙源——这个自然村地名二普时已不存在，下马经岗——这个自然村地名二普时新增），山合（合珠源、方塘坞、大山里、小源里）；

诸家村　（诸家、董家，洞塘——这个自然村地名二普时已不存在；红庙边、洲昏里、童家、夏家、馒头山——这五个自然村地名二普时新增）。

第三节　经济发展

民国二十年（1931）十月十日出版的《浙江寿昌县经济调查》概述中说："寿邑僻处山乡，不当冲要，又无河港要道经过其境，足利交通，故工商不振兴，金融不活泼。然民情强悍耐劳，多勤本业,农产物丰富,民食常有盈余,要亦严属自给有余之一县也。民间财力,实在建德、淳安二县之上,倘能集合群力发展全县之交通,投资于西乡之纸业、矿业,开发利源,调和经济,工商之由凋敝变为繁荣,要亦转念间事耳。"旧时的寿昌县,是浙西一个偏远小县,山多田少,比较贫弱,故这个调查以"凋敝"二字表述当时寿昌县域的经济状况。李家镇现在所管辖的行政区域又处在旧时寿昌县的最西部,当时整个县域的经济状况尚且如此,李家一带的经济面貌就可想而知。

但其中说的"倘能集合群力发展全县之交通,投资于西乡之……矿业,开发利源,调和经济,工商之由凋敝变为繁荣"的预言,在新中国成立后变为现实。在国家经济政策的引导和推动下,李家镇逐步开始对本地的石灰石、方解石、大理石、石煤、白煤、烟煤组织开采,进行综合利用,推动当地的经济发展。特别是经过改革开放后的快速发展,经济建设突飞猛进,李家镇真正成为经济繁荣的乡镇。

依托资源,全力打造碳酸钙生产、水泥制造、来料加工三大基地,是李家镇经济发展的总体目标。近年来,李家镇以城镇化建设为依托,把加快发展作为富民强镇的第一要务,坚持顶天立地打造碳酸钙基地,铺天盖地发展来料加工业,把效益农业发展、学校和集镇建设摆在重中之重的位置,实现了经济和各项社会事业的协调发展,全镇上下形成了良好的发展氛围。2021年度实现社会消费品零售总额1.97亿元,财政总收入3.27亿元,其中地方财政收入1.04亿元。

工业经济

李家地处浙西山区,自古以农耕为主要生产和生活方式,工业经济发展水平比较落后。农副产品加工是李家工业经济的开端,最初出现形式各异、多种多样的家庭作坊和小型加工,从而形成手工业行业。茶叶加工、木榨油坊、水碓舂米磨粉、纺纱织布、制色染布、黄烟加工及木匠、铁匠、泥瓦匠等,随社会发展需要应运而生，形成李家工业的雏形。

清代，李家的家庭作坊、小型工业渐兴，尤其是造纸业，江西南丰人结伴来寿昌县西乡的大坑源、西坑源、北坑源、合溪源、三溪等山坞源头经营造纸产业，这也是当时寿昌县境内规模较大的工业，至今还能在这几个源头村坊中看到遗留下来的纸槽。

新中国成立之前，李家一带以老街为中心的街市上，尚有服装加工、制蜡烛、制鞋、白铁加工、打铁（制造小型农、家具）、竹器、弹棉花、制蓑衣、棕棚、豆腐作坊、糖坊、箍桶、钉秤、摇面、油漆等一些私营小型工业，从业人员或夫妻，或父子，或兄弟，业务不大，存续时间均不长久。新中国成立后，政府在"加工订货、统购包销、经销代销"的基础上，逐步实行公私合营，组织手工业者走集体化道路，民间私营小企业逐步转为国营、集体、公私合营企业。

李家镇境内多山，有大片出露的石炭纪灰岩，在石灰岩地层中夹有煤系地层和石煤层，是建德市石灰石储藏量丰富的重点乡镇之一。石灰石资源是李家镇的优势资源，一是储量大，分布广；二是出露面低，厚度高，容易采掘；三是品位高。据勘测，储量达100多亿立方米，储量之巨，品位之高，全省少有。诸家、曙光、上桐桥等七个村分别有近10亿吨的石灰石储量，且交通便利，是大型水泥企业和优质碳酸钙企业的理想原料基地。

20世纪80年代中期，该镇有五家石灰石开发利用企业。1992年开始，镇属企业改制，其中李家轻钙厂改制为股份制企业建德市正发实业公司，改制后实行多种经营，向矿产业、塑料业和服务业发展，并逐渐发展成为全国碳酸钙企业20强之一。2000年后，该镇又新办一批轻钙厂，水泥和碳酸钙产业逐渐成为该镇两大支柱产业，产值占工业总产值的70%以上。2001年后，建德海螺水泥公司等大型规模企业进入该镇，使水泥行业向规模化和集聚化发展，碳酸钙行业逐步向高、尖、精方向发展，工业总量得到提升。建德海螺水泥公司为市重点招商引资项目，规划总投资13亿，2003年5月，该企业日产5000吨熟料生产线正式投产。2004年12月，建德市国丰钙业有限公司年生产3万吨超细碳酸钙项目投产，总投资

1600万元，生产亚纳米造纸专用钙。2005年，全镇有工业企业267家，工业总产值6.79亿元，销售产值6.74亿元。

正发钙业

2022年度，李家镇有规上工业企业17家，其总产值28.5亿元，比上年增长11.1%；规上工业增加值1.19亿元，年增速16.5%。全年完成固定资产投资2.8亿元，其中工业性投资2.4亿元，同比增长72.5%。亿元以上项目浙江杰盈食品有限公司、菲诺泰克新材料有限公司等如期推进。新增国家高新技术企业1家（浙江海拓新材料有限公司），省科技型中小企业2家（浙江海拓新材料有限公司、建德市杭野山夫蜂业有限责任公司）。建德市健丰钙业有限公司、建德市双超钙业有限公司入选数字化车间入库培育企业。

第一章 概述

海拓+宏鑫

海螺水泥厂

持续推进低小散企业和碳酸钙产业整治，自该项工作启动至2021年末，累计拆除46家灰钙厂房，兼并重组8家，碳酸钙产业向价值链中高端迈进。累计招引落地建德市健丰钙业有限公司产业项目8个，总投资6.8亿元，其中亿元以上项目4个。累计新增国家高新技术企业6家，投资7.34亿元完成建德海螺窑系统等14个技改项目。

农业生产

李家镇属亚热带季风气候，雨量充沛，适宜农作物生长，历代李家人主要种植粮食作物。农田基本建设的不断改善，使农业生产基本做到旱涝保收。李家镇畜牧业以生猪、家禽为主，历年稳中有升。李家镇农业已基本形成农、林、牧较全面发展的格局。2021年度，李家镇有耕地面积726.7公顷，林地面积816.85公顷。农业总产值2.36亿元，比上年增长4.5%。全年粮食播种面积866.67公顷，粮食总产量6823吨。整治抛荒田18公顷。新增李家镇年好家庭农场、李家镇徐里吕家庭农场、李家镇宗平家庭农场三家杭州市级示范性家庭农场，申报建德市级示范性家庭农场五家。发展山茶油、中药材等林下经济133.3公顷，成功创建省林下经济特色产业强镇。完成珍贵树种造林253.33公顷，除治清理枯死松木866.67公顷。

粮食播种面积得到保证，粮食总产量稳中有升。主要大田经济作物油菜籽产量保持平衡。值得一提的是，1979年7月，当时的李家公社上桐桥大队自发实行"鸡口粮分田到户抵口粮，分小队实行包产到组"办法。次年，该村又实行"国家征购任务集体种，社员口粮田全部分到户"的办法，是建德县第一个实行包产到户的村集体，率先揭开了建德农村经济改革的序幕。至1986年，与1978年相比，油菜籽的种植面积及产量增加一倍，蚕桑产量增加五倍，水果种植面积增加十五倍，蔬菜种植面积从6亩猛增到110公顷。特别是2001年后，莲子、大棚草莓、花厚菇、花卉苗木等一批高效农业项目得到较快发展，农业产业结构得到了合理的调整。

李家镇属半山区，千里岗山脉斜亘于西北部，卢桐源尖海拔

1226.6米，为建德市境内最高峰。李家镇是省用材林基地之一，有山地11万多亩，盛产松杉木、毛竹，有杉木林5万余亩，毛竹林近两万亩、松木林6500亩，计材积25万立方米。经济特产主要是茶桑果，茶园面积、茶叶产量历年来基本稳定，其中名优茶的制作大大增加，北坑源山羊坞炒青曾经名列浙江炒青榜首。蚕茧、水果产量逐年增加，油茶树基地得到拓展和改造，为茶油生产提供充足的原料保证。该镇特色林业产品江南亲牌山茶油为优质食用油，年产量80吨，主要供应杭州等大城市的超市。

新联田间超市

近年来，李家镇紧密围绕产业振兴，立足于生态本底和农业基础，以"十个一"标志性工程为主线，以便利便捷的镇村生活圈为载体，加速推进农业农村现代化，发展乡村休闲旅游业；重点建设环境美、生活美、产业美、人文美、治理美五大美丽图景，打造三产融合，生活服务设施完善，乐居、优教、便民的内涵化美丽城镇。

聚焦共同富裕，全力推进农业产业扩面升级。一是做大做强特色产业。出台农业产业扶持政策，在主导产业、土地流转、主体培育、品牌建设、农创客等关键领域和重点环节给予政策及资金扶持，明确山茶油、中药材、斐济果为我镇主导产业。全镇现有高山优质油茶1.5万亩，年产值4000万元；现有中药材5000余亩，品种主要为黄精、玉竹、重楼等，年产值3000万元；现有全国最大的斐济果基地500亩，首期发放占股的沙墩头等三个村分红32万元。2021年荣获省林下经济特色产业强镇。二是重点培育新型农业。一方面2022年计划新增杭州市级示范性家庭农场一家，建德市级示范性家庭农场三家；另一方面，重点打造农创客中心，通过斐济果党建产业联盟、中药材党建产业联盟等载体，深化"田间超市"，线上线下推广宣传，引导人才返乡、乡贤齐力，共同推进农业产业发

斐济果园

第一章 概述

山里娃茶厂

油茶基地开榨节

展。三是继续开展农事节庆活动。巩固斐济果开摘品尝节、山茶油开榨节成果，持续推进农产品品牌化、规模化。四是消薄增收成效显著。截至2022年，全镇两个行政村实现经营性收入超过100万元，6个行政村实现经营性收入超过50万元。

聚焦粮食供保，全力抓好传统创业提质增速。一是高度重视粮食生产。加速水稻品种更新，预计2022年粮食播种1.3万亩，其中水稻5500余亩，"嘉丰优2号"获得杭州市"十大好味稻"金奖。

015

石鼓村粮食烘干中心

二是全力做好"非粮化"整治。整治抛荒田270亩。全镇非粮化面积728亩。主要是果树苗木等。按照市级政策1:1配套全面推进整治。目前基本完成整治优化。三是加强畜禽养殖管理。全镇现有规模养猪场四家，存栏量2600头；规模养鸡场26家，蛋鸡约86万羽。四是加大森林资源管护。上半年完成珍贵树种造林800余亩，抚育施肥2600余亩，建设林下经济500余亩，除治清理枯死松木面积910亩，有效遏制松材线虫病扩散蔓延。

聚焦五水共治，全面保障西部乡镇饮水安全。2021年，五水共治

新联养鸡场

工作全市考核优秀；2022年多个月份排名前三。先后争取省水利数字化改革两项试点（城乡供水、幸福河湖），积极谋划全镇域治水平台——"李家智水"，以保障农村居民生活用水安全为目标，搭建供水数字化闭环管理平台；以污水治理闭环管理为目标，搭建企业、集镇污水雨水监测系统，防范企业偷排漏排，实时监测管网运行；以河道、水库安全运行为目标，搭建防范游泳、盗挖砂石、水

三溪林下经济工程

雨情监测等应用场景。近几年,投资约2亿元先后完成小源里供水工程,包括新建水库、水厂和配水管道等,完成石鼓水库等三座水库除险加固工程,完成大坑源农民饮用水工程,完成寿昌江流域李家段等综合整治。

第四节　社会事业

　　李家镇经济的发展促进了集镇建设,集镇开发卓有成效。镇政府所在地西塘蓬,是一个由小村庄发展起来的新集镇。1992年,长500米、宽18米的集镇主干新街建成后,部分农民开始在新街落户从事第二、三产业,形成集镇雏形。20世纪90年代末期,集镇建设加快,群众自筹资金,新建商业街,建筑面积达2.10万平方米。镇行政中心、信用社、卫生院、邮电所及镇初中、小学等均集中于新街两侧。2001年,该镇投资45万元,对集镇600米主街实施水泥路面硬化。2005年,建成准四级汽车站及停车场1处,供水、供电等各项配套设施逐渐完善,形成中心集镇。第三产业随集镇建设和工业经济的发展而发展。越来越多的村民从田间走向集镇,从事零售商业、饮食业、修理业、娱乐业等行业,既丰富方便了人民生活,又发展了经济。

　　2021年度,全镇共有低保468户575人,低保边缘家庭认定20户36人,其中年度新增低保50户63人、低保边缘户3户10人。发放各类救助金、补贴300余万元。城乡医保参保1.64万人。完成困难农户危旧房治理12户,新增适老化改造19户,实施无障碍进家庭改造30户。完成初中学生宿舍改造提升,三星级残疾人之家投入使用,实施龙桥村、三溪村文化礼堂升级改造,完成白马、新桥村卫生室标准化建设。李家、沙墩头村开展"枫桥式"退役军人服务站工作。

　　2022年起,李家镇聚焦"一老一小"民生关切,围绕解决农村老年人尤其是失能失智留守老人就餐难问题,探索实施"幸福方桌"行动,构建"政府搭台、村居承办、村民互助、个人自愿、梯度收费、社会参与"的运营模式,实现助餐养老规范化可持续运营。深入推进老幼融合,破解养育照护难题,打造养老育幼融合供给服务模式,建设李家村婴幼儿成长驿站、龙桥村一老一小综合服务驿站,实现"老幼融合"服务镇域全覆盖。

李家镇有小学2所,在校学生446人、教职工54人;初中1所,在校学生170人、教职工30人。幼儿园2所(中心幼儿园和长林分园),在园幼儿227人、教职工44人。

有镇卫生院1所、村卫生室8所,共有卫生技术人员37人,其中副主任医师1名、主治医师8名;床位19张,基本用于骨伤科。

【建德市李家中心小学】 位于李家镇李家村,以李家镇得名。其前身为民国七年(1918)4月创办的四灵区区立第二国民学校(现学区范围内最早的新式学校为民国四年(1915)3月创办于长林口的私立养正国民学校)。民国二十二年(1933)改称蛟溪小学。因区划调整,数易其名。1984年称李家乡中心小学,1992年8月称李家镇中心小学。2002年8月,由李家镇中心小学改称现名。校园占

李家中心小学

地22397平方米,建筑面积8079平方米,绿化面积3150平方米。有18个班,学生446人,教职工54名,当年毕业生67人。

【建德市李家中心幼儿园】 位于李家镇新街北29号,以李家镇得名。1988年9月创办,称李家中心小学学前班。2001年8月,

李家中心幼儿园

长林幼儿园

整体迁入现址。2009年改称现名，2010年8月长林幼儿园并入，称李家中心幼儿园长林分园。幼儿园李家中心园占地5790平方米，建筑面积3345平方米；长林分园位于李家镇长林口村，占地3540平方米，建筑面积2044平方米。共有11个班，幼儿227人，教职工44人。

【建德市李家镇社区卫生服务中心（李家镇卫生院）】 位于李家镇新城路170号，主要为李家镇辖区居民提供医疗卫生服务，故名。前身为李家防治所，1957年5月创办。后称李家公社医院、大同公社李家卫生所。1962—1982年三迁卫生所驻址，1983年10月后称李家乡卫生院、李家镇卫生院，先后两次迁址，2002年10月迁至现址。2007年称现名。该中心占地2667平方米，业务用房1600平方米。有职工38人。

【城乡环境综合整治】 新建"四好农村路"8.4公里，排查整治道路交通安全隐患200余处，新建公交站点6个。开展非法倾倒工程渣土等专项治理，完成环境整治点位2000余个。成功创建杭州市唯一一个全国三星级地质文化镇，诸家村、新联村争创省级垃圾分类示范村。全年生活垃圾总量比上年减少21.7%，长林村、新桥村和新联村获评杭州市垃圾分类示范村。完成5个村美丽庭院示范带建设，新桥、龙桥村通过AA级景区村验收，A级景区村实现全覆盖。实施厕所、垃圾和庭院等革命，完成公厕提标改造21座。至年末，创建省美丽乡村特色精品村2个，杭州市精品村、特色村8个，AAA级景区村2个，杭州市垃圾分类示范村（小区）4个，美丽庭院示范带27条。

【平安建设】 稳步推进扫黑除恶、"三防"巡查、"三严"整治等专项行动，强化安全生产、消防、食品药品、禁毒等公共安全领域监管。创新"干部下访、娘舅上门"矛调机制，积案化解率100%，获得市领导批示肯定。网络诈骗专项整治行动实现连续181天"零发案"，获全市首个"反诈表扬令"。

【五水共治】 投资3000余万元完成石鼓水库等3座水库除险加固。投资4000余万元实施小源里、大坑源等农民饮用水工程，实现全镇所有村自来水供水全覆盖。投资3000万元完成寿昌江流域李家段等综合整治。投资2800万元完成建成区、工业园区和10个村生活污水提标改造。

【三产融合建设】 拓展文化旅游深度结合平台,"建德人"遗址创成杭州市中小学生研学旅行基地,王根凤展馆创成建德市中小学生研学旅行基地。建成斐济果基地33.3公顷,龙桥村猕猴桃、花海桑田采摘园等基地实现扩建;举办山茶油开榨节、斐济果开摘品尝节等活动,发放全国首家乡镇级消费券,推动乡村旅游发展。举办网红直播培训,开展直播带货、户外乡游直播。全年接待游客15.3万人次,实现旅游收入1600余万元,带动销售农特产品800余万元。

【公共服务与文化建设】 全镇所有村建成标准化村级便民服务中心,创新便民服务"1+3"工作机制,开设人力社保、民政、残联、卫生健康、城建等窗口,实现320项市级事项在镇域内办理,建成10个儿童之家。总投资2000万元,改造提升5个村级党群服务中心、2个村文化礼堂。社会保障体系日臻完善,医疗保障水平日益提升,助残、助困、助学等工作扎实开展,各项救助补助政策稳步落实,保障困难群众得到及时救助。打造诸家、李家、沙墩头三大文化圈,形成化石研学、断龙舞、古法榨油三位一体的文化产业发展模式,依托各级文化阵地开展各类文化活动,营造浓厚的文化氛围。

第二章 锦山秀水

潘绍隽为民国《寿昌县志》作序与颂,其颂曰:"松山苍苍,艾水汤汤。登乎百箩之坪,瞻乎百岁之坊。洋洋乎大同之野,茫茫乎常乐之疆。竹栽四境,纸赛江常。煤饶西北,品埒萍乡。吁嗟乎山清水秀,物阜民康。胜极四灵,钟硕老于一堂,会遇七贤,宜邑志之重光。山川奇气,锦绣文章……"其中的"百箩之坪""胜极四灵"都属李家镇境内,而"竹栽四境,纸赛江常。煤饶西北""山清水秀,物阜民康""山川奇气,锦绣文章"都与李家镇有关。

建德市境内较大的山脉有千里岗山脉、龙门山脉、昱岭山脉三支。千里岗山脉地处西部,东西走向,峰峦叠嶂,连绵起伏,李家镇的辖区就在其南边的山水之间。

李家镇境内多山岭高峰,相对高度400~600米,山势陡峻,坡度常在30~45度之间,山坡流水侵蚀明显,切刈较深,常见基岩裸露。山间沟谷狭窄,纵坡大,水流湍急。宋人方逢辰在《景定严州新定续志序》云:"严于浙右为望郡,而介于万山之窟,厥土紧而塙,上不受润,下不斥卤,雨则潦,雾则槁,厥田则土浅而源枯。介乎两山,节节级级如横梯状,其民若而耐其俗,啬而野其户,富者亩不满百。"这话写的是严州的总体情况,生动地描绘出当时严州境内的地形地貌。李家镇的地理面貌也是如此。无大的平原,粮食耕地大都分布于溪流与沟谷两岸,旱地主要分布在缓坡地带和山庄。

"水得山而活,山得水而媚",李家镇山水,天地钟秀。自然地理是人类赖以存在的基础,李家镇的山山水水就是特有的资源,为世代居住在这里的人们提供丰富的生存资料和精神养分。

第一节　山

"试一振衣三邑小，嵯峨千仞古来雄。"李家镇境内山之雄伟，支撑起李家镇一方天地，北依千里岗山脉，众多支脉向南蜿蜒延伸，山峰耸立，岭道曲折。卢桐源尖、太华山、百箩坪、龙山、大坪山、金鸡山、老林山、遥岭头、四灵山……看看这些充满阳刚之气的山名，就能知道李家镇的山真个叫群山竞秀、峰峦叠嶂。

李家镇地处浙西丘陵山区，地势西北高，东南低，山地和丘陵为主。地表以分割破碎的低山丘陵为特色，大部分地区地质构造属钱塘江凹槽带，山岭属千里岗山系。建德市海拔1000米以上的主峰大部分在李家镇境内，最西端的石鼓村卢桐源尖海拔1226.6米，是建德市最高峰。

李家镇境内山脉、山体及峰、岭、谷、洞一应俱有，大小山峰岭头无数，这里只能选择突出的具有代表性的山峰岭予以介绍。

千里岗山脉

据民国《寿昌县志》载："千里岗，在县北十二都内图，为北区最高之山，登巅远眺，目穷千里，故名。"千里岗的"千里"之意是说其高，站在峰巅可以远望千里，而非指山脉之长。

千里岗位于新安江水库以南、衢江以北、马金镇界首村鞍部以东、兰江以西，东西向约100千米。略呈直线，山势陡峻，海拔1000米以上山峰76座。山脉自衢州、淳安界，上的灰岭东走至建德市、淳安县、衢江区交会点上称卢桐源尖，建德市、淳安县界上千米以上山峰22个。自卢桐源尖起分为东北和东南两支。

三井尖东北走淳安、建德界上为百箩坪，折东南走于交溪与寿昌溪之间为金鸡岭、老林山、钟形山尖、棕榈尖、黄碧尖，尽于会口。自百箩坪循建德、淳安界东北走为羊坞尖，折东南走为大坪尖、马头山、龙山，尽于交溪与支流的会口。自羊坞尖东北走为遥岭头，折向东南为乌龟洞、乌龟山、将军山、马鞍山，尽于交溪之曲。遥岭头东北向走为盘坞尖，折东南为富豪岭，正东走为马肚冈，迤南为清水塘、胡焦岭，尽于曹溪与寿昌溪之会口。盘坞尖东北走为天井山，正东走于曹溪、周溪之间为马江山、天山尖，迤逦南为杨垄山尖，尽于寿昌溪北。自天井山东北走日里尖坞，折东南走于周溪与寿昌溪之间为过浴岭，继南行为岩山，尽于寿昌溪北岸。里尖坞东行为龙门头，北行为观音尖，东北走为茶坪，尽于寿昌溪与新安江会口。自龙门头北走为淡竹岭，东北走日洋田山，北走日铜山，尽于新安江水库南岸。

千里岗山脉

三井尖东南入衢州境，折东行至衢州、建德界上为阴山尖、宝光岩，走入龙游县至黄梅尖，折北至建德为猴子山、盘山，尽于寿昌溪南岸。猴子山东走为龙门山，北走于寿昌溪与西溪之间为盘山冈，东北走为乌龟尖、仰天池，尽于会口。龙门山东走为梅岭尖，东北走为白岭、天池山，又北走为黄尖山，尽于寿昌溪南岸。天池山东南走为狮子山，尽于常乐溪北岸。天池山东北走为金台山、大慈岩，转西北部为岩塘山、金姑山，尽于寿昌溪南岸。大慈岩东北走为玉华山、道峰山，正北走为黄洞山，又东北走为尖坞山，北走为大岩坞，西走为杨山尖，西北走为山河岭，尽于新安江南岸。自大岩坞东北走为马目山。

以上是千里岗山脉的概况，其中属于李家镇境内的部分主要山头将在后面分别介绍。

卢桐源尖

卢桐源尖，在石鼓村大坑源。

巍峨的卢桐源尖处在建德市李家镇、淳安县安阳乡、衢州市衢江区上方镇交界处，是建德市的最西端，海拔1226.6米，为全市

卢桐源尖

的最高点，也是寿昌溪的源头。据专家介绍，卢桐源尖山体由志留系上统唐家坞组砂岩组成，黄壤土质。由此往东偏东北为千里岗山脉，是建德市与淳安县界；往东南为建德市与衢江区界。

2010年之前，在建德的地图上标注的最高峰是李家的"山羊坞尖"，海拔1157.5米。2009年，浙江省测绘局利用最先进的现代测绘技术，确定了卢桐源尖的精确经纬度，并在当年浙江省地图上明确标注卢桐源尖在建德市李家镇境内。

太华山

太华山，在石鼓村大坑源。

民国《寿昌县志·山川》载："太华山，在县西六十里九都，山势峻险，上矗云霄，山背为衢县界，上有岭，即太华岭也。相传新莽时，有壮士数十辈倡义于此，闻光武兴，毁营归汉。至今巨石极多，是其压寨之遗迹也。"又载："太华岭，在县西六十里九都。太华山岭高而险，上矗云霄。岭旁多茶，味最美。相传上有仙茶数株。"

这里所说的"新莽"就是西汉末年。王莽实际操纵汉政权是在公元前1年，称帝是公元8年11月，次年1月正式建立"新"朝。当时，有一群壮士对王莽篡汉行为十分不满，便在太华山上集聚倡义，垒石为寨，欲干一番大事业。后来，听说光武帝兴起，便毁营归汉。

值得注意的是，这里还记载了太华岭高耸而险峻，"岭旁多茶，味最美。相传上有仙茶数株"。这是关于建德茶叶的最早文字记载，可为我们李家镇的茶业经营做历史悠久和茶香味美的注释。

鹅笼山

鹅笼山，在石鼓村大坑源。

《严州府志·山川》载："鹅笼山，在（寿昌）县西六十里。"

民国《寿昌县志·广轮》载："西至衢县界六十里，以鹅笼山为界，距衢县治一百四十里。"民国《寿昌县志·山川》载："天井山，在县西六十里。乃鹅笼山之发脉处也。"可见，鹅笼山是从天井山延伸而出。

民国《寿昌县志·山川》载："鹅笼山在县西六十里，寿昌溪之水由此发源，东至岘岭。"邑人蒋岐培诗曰："鹅笼脉发岘峰高，石磴藤蟠猿啸号。莫谓山巅多寂寞，原来入听有松涛。"

鹅笼山西与衢州接壤，离寿昌县城六十里，山峦叠嶂，涉足艰难。鹅笼山为千里岗山脉的西段，发脉于天井山，山的右侧稍前，有两座岩峰，为金鸡岩与宝公岩。依照现在的地理概念，应该称西坪岗亦称屏峰和大坪山。纵览三山就可以见得其形似天鹅、金鸡和宝公。昔传宝公是一位勇士。清光绪《寿昌县志》记载："相传昔有烈士居此，一日负牛犊入岩，后不复出，至今时闻音乐声。"《严州府志·山川》亦载："金鸡岩，在（寿昌）县西六十里。昔有异人过此，闻石中有鸡声，剖石得一物如鸡焉。"三山合一，似宝公赶着天鹅入鸡群（凡间），是一幅天地合一、山水相间的秀美图。

鹅笼山之西侧是金鸡岩，俗称金鸡岭，形似下蛋母鸡。金鸡岩有一庙堂，其名"鹅笼山主簿庙"，建于唐玄宗天宝年间，是寿昌县境内建造较早的庙宇，比溪口的万福寺还早五十余载。据传，时有县主簿受命西行，登鹅笼山西南山脉寻找金鸡，苦寻无果而卒。鹅笼山麓的百姓心存感动，虔诚于主簿英灵化神，建庙祭祀以求一方平安。清光绪年间《寿昌县志》有载："唐天宝间，承命于此取金鸡，不得而卒，遂降灵于乡，因为立庙。"

大坑山

大坑山，在石鼓村大坑源。

三井尖在衢州、淳安、建德三地交界处，峰高1280.5米，在淳安县上梧乡之乌龙村。其东北支为百箩坪，折向东南曰大坑山，此即寿昌江之发源地。水流成溪，山溪之始名大坑源，由西南向东北流，经中间槽（槽，指纸槽。大坑源山林茂密，有竹林7000余亩，竹是生产纸张的绝好原料，以故，昔年这一带盛产土纸，纸槽很多。纸的制作离不开水，所以槽多在溪坑边。有一个纸槽在大坑源村中部，人称中间槽，久之，这个地方的自然村就叫中间槽），流出水口。

金鸡岭

金鸡岭，在石鼓村西大坑源口。

金鸡岭上有形似金鸡的巨石。传说，旧时有一位府太爷骑白马来到金鸡岭下，系白马于山下田野，攀上岭头开石取金鸡。因时间拖延太久，取出金鸡时，刚好午后三刻，金鸡引颈高鸣三声，金翅飞扇起来，升空而去。山下的白马闻金鸡鸣叫声，受到惊吓，挣脱缰绳，飞奔远遁。当地便有"金鸡叫三声，白马逃飞奔"的童谣。府太爷见金鸡飞去，白马逃走，又惊又怕，一时气急攻心，倒地不起。后来，系白马处称马园，流传至今。

明代"三元宰相"商辂作《富峰八景诗·金鸡石迹》：

一拳何事孕金鸡，羽族天成五德齐。
只与人间留异迹，不同野鹜共争栖。

乌石山

乌石山，在白马村界头。

乌石山属建德市与衢江区界山。山下有岩石突兀而起，其色乌黑，呈圆形，山以石名。侵蚀性红壤，海拔220~645米，植被以松林、杉林为主，有石灰石矿。

朱山

朱山，在长林村西南。

据说，站在长林村护卫桥上向西南瞭望，三里外有朱山耸立，古有朱佛击虎耕山，咏经于此间。民国《寿昌县志》载："朱山在县西六十里，昔朱道人尝击虎于此，有击虎坛，至今林木苍，野火不烧。"朱佛法，名善心，八都永平乡人。他本是当地的一个农夫，因击虎救小畜而被地方百姓所敬仰。他心地善良而崇佛，每在朱山耕地便以咏经解乏，咏经虔诚逢旱赐雨，人称其活佛。

老林山

老林山，在长林村南面，也称前山。

此山多老树杂木，故当地人称老林山，又以地处长林口村之前，故称。黄红壤，海拔200~534米，植被以松林、杉林为主。据林业专家说，老林山因地理位置特殊，加上村民多年来的坚持守护，形成独特的气候环境，山上生长着只适宜在热带雨林生长的橄榄，而且每年都能结果。

后来，村里采取严格的护林措施，使老林山至今葱郁茂盛，可算是一个重视绿化，保护水土的典型。

四方牌山

四方牌山在三溪村西北。

四方牌山是建德市与衢江区的界山。以山体顶部呈方形而得名。黄红壤，海拔500~728米，植被以松林、薪炭林为主。

百箩坪

百箩坪在沙墩头村西坑源西北。

百箩坪为建德市与淳安县界山。山上地坪，宜种旱粮，玉米棒可收百箩，故名。黄壤，海拔900~1024米，植被以松林、杉林、毛竹、油茶为主。民国《寿昌县志·水路》载，"百箩坪，寿昌溪自此发源"，这里也是寿昌溪的源头。

百箩坪名称的来历有两种说法，但意思都一样——说明山坪之大：一是说山上坪地可以平放一百只箩筐，另一种是说这块坪地收种起来的玉米足以装满一百箩筐。其中有个传说，古时有兄弟七人为避战乱，隐居在此坪开荒种地。那年，他们在坪上种了些黄粟。等到开镰收割黄粟时，正午的夏阳晒得他们汗流浃背，热不可当。这时，老七忍不住仰起脖子朝天大声地呼起风来。一声"喔——喔喔"唤来一个白发老人带着一阵凉风出现在老七的身边,说:"嘿,你这小伙子就晓得享福。本来你们今年能收一百零一箩黄粟。你这一声叫,可是把一箩黄粟叫没了。"说完,老人不见了,那阵凉风也带走了。等到七兄弟收完黄粟,果然只装满一百箩。为了让后人记住"享受是要付出代价"的道理,他们就把这里叫作"百箩坪"。这个名字也就一直流传至今。

另外还有一个传说也跟神仙有关。

百箩坪这一片开阔的土地可以种植许多苞谷,但怎么种也只能收获99箩筐苞谷。有一天,一位仙风道骨的白胡子老人从古驿道上走了过来,问正在掰成熟苞谷的山民今年收成如何。山民说这个土坪上种苞谷多年了,最好的年成也只收获了99箩苞谷,从来没有超过一百箩苞谷的。

老人笑着说:"那我就帮你们一下,让这里年产苞谷上一百箩吧。"山民闻说,感到惊讶,便停下手中的活,瞪眼看着老人。老人站在原地,把手中的拐杖伸向前方,凌空画了一个圈。奇迹出现了:只见苞谷地西南角上那块形似雄鸡的巨石腾空而起,晃晃悠悠向东方飘去,慢慢地就不见了踪影,所有在场劳作的山民都朝着那块巨石飞去的方向看得目瞪口呆。等大家再也看不见飞石回过神来时,发现身边的那位老人也不见了,不由得啧啧称赞神仙神通广大。

说来有趣,自从那块巨石被老人作法飞去之后,这块坪地宽出了半亩光景。第二年,山民在种植苞谷时,也在新增加的土地上播下种子。真是神了,收获的时候,苞谷果然刚好装满一百箩筐。从此,这块坪地便被当地山民称为"百箩坪"。

山羊坞头

山羊坞头,也称山羊坞尖,在沙墩头村北坑源西北。

山羊坞头为建德市与淳安县分界岗峦。此处山高峰锐,为淳安县山羊坞的尽头,故名。黄壤,海拔1157.8米(以前的旧志书曾以此峰为建德市境内最高点,今停用此说,以卢桐源尖海拔1226.6米为最高点），植被以松林、杉林、茶叶为主。

魏驮山

魏驮山之所以名气大，是因为唐代诗人李频的那首《及第后还家过岘岭》诗。

李频，唐代睦州诗人，八都人。《广舆记》中说，李频考中进士，携带娇妻衣锦还乡。他们一路舟车劳顿，到了大同的岘岭。这个地方的岭头比较高，古时寿昌人叶作舟曾作《岘山残雪》诗道："西南列嶂岘山崇，腊雪经春尚未融。寒食清明都过了，故留精洁衬兰丛。"说明岘岭那屏峰列嶂、高耸险陡之处实在不大好走，眼前的光景给这位本已十分劳累的给事中千金增添几分畏惧。李频为宽解娇妻之心，随口吟唱道："魏驮山前一朵花，岭西还有数千家。石斑鱼鲜香冲鼻，浅水沙田饭绕牙。"李频之妻听了追随他父亲多年、新中进士的相公竟吟出这样俚俗之诗，知道他惦记家乡父老和少时景况，亦解烦愁，宽颜一笑。李频不仅是诗人，更是一位为民办事、不畏权好的直臣，受人尊敬，所以一首平凡的戏作家乡人也切记心中，魏驮山也就名列地方志了。

民国《寿昌县志》载："魏驮山，交溪自此发源……"又载："交溪，在县西六十里。发源魏驮山……"光绪《严州府志·山川》载："艾溪，在（寿昌）县西六十里，发源于魏驮山……"按照这些记载，魏驮山作为蛟溪的发源地，应当在西坑源或北坑源的最深处；而民国《寿昌县志》另一处记载："魏驮山，在县西四十里。李频有诗所云'魏驮山前一朵花'也。"

采访附近村民，没有找到确切的山头。从旧志书上的那些记载，或许，魏驮山是指一条由西北向东南方向延伸较长的山脉。

沙墩头井冈山

井冈山，在沙墩头村南边，故也称前山。

井冈山山峰陡峭，树木茂密。山名来历自有说法，据村里老辈人介绍，土地革命战争时期，红十三军曾在此做短时间的停留，时称"小井冈",后索性称其为"井冈山"。侵蚀性红壤,海拔250~400米,植被以杉林、茶叶、毛竹为主。

山上,住户主要是沈姓人家及邱姓人家,沈氏在山上,邱氏在侧腰。人民公社化的时候,这里为沙墩头大队第一生产队,有120多人。

山下西侧有前山洞,数年前从溪边公路修建道路通到洞口,开发为旅游休闲景点。

四灵山

四灵山,指的是现在李家镇政府所在地西塘蓬周边的四座山:龙山、凤山、龟山、麟山。

民国《寿昌县志》载:"四灵山,在县西四十里九都李家村,一曰龙,二曰凤,三曰龟,四曰麟,四山拱揖相向,其形惟肖。宋叶忠简公义问居其下,遗址犹存,至今称曰相府四灵山。"叶义问,字审言,李家村西塘蓬(旧时,这里有叶村)人,建炎二年(1128)进士。史志言其"慷慨有大节,官知枢密院事"。

我国自古以来,将祥瑞生物,分别为各类动物之长。龙是鳞虫之长,并赋予它兴云雨、善变化之能,有利苍生万物之德,因此,古人将其作为帝皇之象征。帝皇生活起居言行等,都与龙关联起来,所处为龙廷,所坐为龙位,穿则龙袍,睡则龙床,水上龙舟,陆行龙舆,未正名之前曰龙潜,既登大宝曰龙飞——所有这些以示

龙山

凤山

龟山　　　　　　　　　　麟山

其无上高贵与尊严,和拥有至高无上的绝对权威。凤,也是传说中的动物。《大戴礼·易本命》说:"有羽之虫三百六十,而凤凰为之长。"这种瑞鸟,雄者为凤,雌者为凰,尊比皇帝与皇后。麟,昔时誉为"仁兽",是兽类之长。古人说它的形状是麋身、牛尾、狼蹄、一角,俗称"四不像"。清《黑龙江外记》中说:"四不像,亦鹿类,鄂伦春(少数民族)役之如牛马,有事哨之即来,舐以盐则去。"清末,在南苑中饲养不少,八国联军攻入北京,尽掠中华民族的奇异瑰宝,见了四不像,你争他抢,扫之一空,这属于我国的特产,因此在神州大地上绝迹。近年方从国外重新引入,才又繁殖起来。由此可见,麟,是被神化了的麋鹿,并非神物。龟是这四种生物中最常见的一种,它耐饥渴,俗谓支撑床足,可三年不食。寿命长,古以为能达千岁者会人语,用于占卜,能知吉凶,更有神龟,负书出洛。虽然偶尔也受人奚落,终亦宝之。旧时代宝龟、宝玉,视为重器,比拟国运,所以将龟与龙、凤、麟一起,列为四灵。

龙山的龙首与凤山的凤头在李家镇水口上南北相峙,形成龙凤呈祥之风水妙境。传说,古时候懂得堪舆学的人路过李家水口时,一见这等风水宝地,想必此地有名人高士,所以,坐轿的下轿,骑马的下马,步行而入,以示敬重。

新联村舒家《舒氏宗谱》记载着商辂所作的《富峰八景诗》,

其中《四灵列嶂》称："龙凤龟麟列四灵，岗岚体势幻真形。风霜历尽浑无恙，毓秀遥联锁闷青。"家在淳安里商乡的商辂能够写出这首诗来，是因为他的外婆家在舒家。

大屋岭

大屋岭，在新联村合珠源北千里岗上。

据《建德市地名志》称："上马经岗，相传，旧时淳安县大屋岭有位名叫姚江的大将军，经常骑马经过此岗，人称此地为马经岗。村在此岗上首，故名。"

千里岗是建德与淳安交界处的山脉，大屋岭是岗上的一个点，南坡水流是合溪的源头，从合珠源流出，经大山里、舒家，汇入蛟溪。

三县峰

三县峰，在新联村合珠源北部。

当地人也称"三县尖"。登上此山峰，可望见当时的淳安、遂安、寿昌三县之境。民国《寿昌县志·山川》载："三县峰，在县西六十里九都一。山高万仞，上蠹云霄，登其峰可望淳、遂、寿三邑，故名。"

明代三元宰相商辂曾作《三县层峦》诗曰：

奇峦矗矗耸晴空，玉笋瑶簪拔几重。
试一振衣三邑小，嵯峨千仞古来雄。

遥岭头

遥岭头，在新桥村遥岭坑西北千里岗上。

遥岭为建德市与淳安县之分水岭之一。以地势高、在岭头上可遥望山下远处村坊而得名，又称作瑶岭或辽岭。民国《寿昌县志》载："瑶岭，在县西北五十里，极高峻，北接淳安县境，为商文毅公故里。"《严州府志·山川》载："辽岭，在（寿昌）县西北五十里。"清光绪《淳安县志》也作"辽岭":"在县南七十里淳寿交界处,山高溪峻,悬崖绝壁,无路可通。"

明成化年间(1465—1487)修筑成坦途,旧有皆喜亭。岭长约6千米,黄壤,岭道最高点鞍部海拔720.5米,植被以松林、杉林、薪炭林为主。

富豪岭

富豪岭,在新桥村东北与航头镇曹源村西南之间的山岗分界线上。

据传,早年有一富户住于岭脚,故称此岭为富豪岭。民国《寿昌县志》载:"富豪岭,在县西四十五里九都一,高里许,通十都。"富豪岭为旧时寿昌县九都、十都之间的必经之路。

富豪岭海拔327.2米,土质为黄红壤,植被以松林、杉林、毛竹

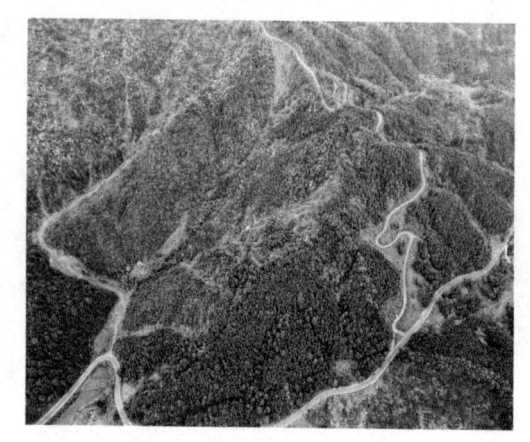

富豪岭

为主。寿(昌)李(家)公路建成通车后,岭道灭失。

民国《寿昌县志·建置志》载:"渡脉亭,在四灵区九都一富豪岭背,为寿昌过脉处。"现在古亭已不见,岭上公路边有一座新建不久的凉亭,门楣上写"全江亭",不知为何意。

洞山

洞山在诸家村北面,山地一半属于诸家村,一半属于大同镇黄垄村。

洞山也称动山。民国《寿昌县志》载:"动山,在县西三十五

里九都，二高数百仞，上有朱佛庵，遇旱祷雨灵应，相传地藏王曾显灵于此。"

洞山上有着丰富的石灰石矿藏资源，是海螺水泥公司的采矿区。

第二节　水

正如清人李焜诗所写，"四灵山好护蛟溪，越陌穿林路不迷"，李家山区坞多岭头高，坑长源头深。大坑源、长林源、三溪、西坑源、北坑源、合溪源、大中坑、小中坑、遥岭坑、东坑……听听这些富有山区特色的名称，就能明白李家镇的水真个叫源远流长。水之丰沛，孕育着李家镇无数生命。李家镇的众多源流汇聚成寿昌溪、蛟溪、合溪、新桥溪、小溪，灌溉着两岸的田地，滋润着世代百姓的日子。

李家境内水系属寿昌江流域，主要有寿昌溪和蛟溪，另有许多支流小溪。山区溪流特点是源短流急、汇流时间短，容易造成山洪暴发，给人民群众生命财产带来危害，所以，本地有"不怕长，只怕狂"说法，意思是不怕小雨常下，却怕集中而下狂风暴雨。处于寿昌江上游的长林、李家段河谷冲击物为砾石组成，砾石磨圆，分选性差，河床不整齐。李家镇山区的溪流属典型的山溪性河流，河床比降大，源短流急，其流量受降水量控制十分明显，洪枯变化悬殊，水位暴涨暴落。1972年的"八三"洪水就是十分典型的例子。在这样的情况下，加强农田水利设施建设对搞好农业生产十分重要。1972年冬季，建德县委、县政府就决定开始对寿昌江综合治理，对流域实行山、水、田、林、路、电综合治理，治理面积267平方千米，累计封山育林169平方千米，发展经济林22平方千米，修建梯田4平方千米，砌坎保土2平方千米，治沟31千米，疏通河道11千米，修建堤防护岸133千米。基本上做到山上绿化、源头建库、河道整治、荒滩造田。

李家镇地势西北高，东南低，水系也由西北流向东南。李家镇因地制宜，集资集劳，不断完善农田水利设施，历年共建山塘水库

64个。其中万立方米以上的13个，杨家口水库和石鼓水库蓄水量分别为105万、115万立方米，有效灌溉面积近万亩，两水库电站装机575千瓦，年发电量102万度。形成了寿昌溪、蛟溪南北双流、小溪纵横交错、山塘水库错落山川的良好局面。

寿昌溪

《郡县释名·浙江上》：以"邑有寿昌溪也"。也就是说寿昌县之名来源于当地有寿昌溪，因水而得名，由此可见寿昌溪历史之久。

民国《寿昌县志》载："百箩坪，寿昌溪自此发源。"又载："寿昌溪，在县西六十里发源鹅笼山，东流经八都霞雾桥……历大同为大同溪，再流而与交溪合……"

这两处记载看似矛盾，其实说的就是一个地方，往大处说，是出自鹅笼山。具体地说，主要溪水源流出自百箩坪。鹅笼山，乃建德与衢州、淳安交界的长林源一带众山之称。百箩坪乃鹅笼山岗上的一块较大的坪地。按照当时的说法，这块坪地汇聚之水就是寿昌江主要之源头。

由此还可知，寿昌溪与蛟溪都发源于百箩坪一带，分流数十里路之后，又在大同镇久山湖村西头汇聚，一同流向远方。

寿昌溪，下游称艾溪，今统称寿昌江。寿昌江是新安江在建德市区域内最大的支流，全长66千米。现已探明，寿昌溪最远的源头在石鼓村卢桐源尖，由西南向东北流经李家、大同、航头、寿昌、更楼、新安江等地，至新安江街道庙嘴头汇入新安江主流。

寿昌溪虽然为常年溪流，但又颇具山溪之特点，河道曲折、易涨易落。由于源远流长，溪水丰盈，青山两岸，映衬碧水，溪上竹筏，一叶轻浮，运货载人，往来不绝。1984年编写的《建德县地名志》有这样一段记述："过去的寿昌溪，清澈见底，可通竹筏的里程近42千米，现在已不能通航。1958年后，沿溪两岸的森林，遭到严重的破坏，造成水土大量流失。据源口水文站统计：平均年泥沙冲刷量为19.4万吨，1961年为19.8万吨，以后逐年增加，1971年高达42.6万吨，十年增加2倍多。"20世纪80年代后，经过综合治理，认真封山植树，积极造林抚育，重视生态环境保护，使整个寿昌江流域的植被得以改善，人与自然走向和谐相处，水土流失现象明显好转，泥沙流量逐年减少，溪水日清，鱼虾重现。

【卢桐源】 卢桐源尖是现今建德市、淳安县与衢江区三地界点，海拔1226.6米，为建德市境内最高点。卢桐源水流从卢桐源尖下来到大坑源翁家自然村头与北边百笋坪来的水流汇合为大坑源溪，流出村水口汇入石鼓水库。

大坑源溪

【东岭水】 东岭水在石鼓村。民国《寿昌县志·古迹》载："东岭水，在县西六十里石顾。水从岭头瀑流而下，灌田约十百亩，虽亢旱，如常，此亦山水之特奇者。"

【龙鼻泉】 在长林村后竹山脚。民国《寿昌县志·古迹》载："龙鼻泉，在县西五十里长林口。有石窍二，若龙鼻，然时涌清泉，虽旱不竭。"据住在龙鼻泉附近的村民说，此泉水清冽，冬暖夏凉。

【石鼓水库】 石鼓水库属于小一型水库，位于石鼓村金鸡山脚，故名。1971年10月开工，1978年12月竣工，共投放劳力58万工，完成土石方10.99万立方米，其中土方1万立方米，石方7.5万立方米，浆砌石2.1万立方米，砼0.39万立方米。水库设计就地取材，利用石料，拟建重力墙式堆石坝，坝高45米，坝长117米。水库发源于寿昌溪源头——卢桐源尖，集雨面积9.2平方千米，总库容140万立方米，正常库容115万立方米，干渠长3.4千米，受益有石鼓、后童、长林源、长林口四个村3300余亩农田。水库建成后，下游河道按治理寿昌江总体规划设计进行，疏通了河道，新筑了两岸堤坝，完成溪滩还田260亩，确保粮食生产高产稳产。

当时，石鼓水库建成后，成为远近闻名的样板工程，新疆维吾尔自治区伊犁地区水利局工作队、四川省水利厅曾组织人员前来参观，学习取经。

石鼓水库配建一、二级小水电站：

石鼓一级发电站，因电站建在石鼓水库，利用库水第一级发电，故名。1978年10月建成投产，为坝后式发电站，总装机容量175千瓦，年发电量37万千瓦时。

石鼓二级发电站，因修渠引水，利用石鼓一级发电站尾水发电，故名。1984年10月建成投产，为引水式发电站，总装机容量200千瓦，年发电量60万千瓦时。

蛟溪

蛟溪，亦称交溪。清代李家人李焜有咏《蛟溪》之诗："四灵山好护蛟溪，越陌穿林路不迷。琴筑锵鸣泉绕舍，虬龙矗立柏成蹊。牙签列架书能读，花院留宾酒共携。信宿山窗眠乍觉，幽禽每听晓来啼。"

民国《寿昌县志·形胜》载："魏驮山，交溪自此发源东南流过石门庄至上桐桥五里五分。"

民国《寿昌县志·山川》载："蛟溪，在县西六十里。发源魏驮山，至富阜与长汀水合，流过傅村至大同入寿昌溪，其入口处有永平桥。"又载："蛟溪，从魏驮山发源至九都一葫芦墩，再流而经上桐桥，又东而舒家蛟溪桥，与合溪相合为双潭，直流乐善桥，绕灵贶庙前，与新桥溪相合为龙潭，再流至潘村为潘村湾，再流而

蛟溪

至劳村为碧潭，经下垄口至金龙殿为刹江，又流而至久山庄，与永平桥下溪相合，入寿昌溪。此溪在九都二。"

古人把蛟溪之源也作为艾溪（寿昌江）的源头之一。光绪《严州府志·山川》载："艾溪，在（寿昌）县西六十里。发源于魏驮山，至富阜与长汀水合流，过富村与西溪合流入大同溪。"

按照以上这些记载，魏驮山作为蛟溪的发源地，应当是西坑源或北坑源的最深处。如果说旧志书上所说的魏驮山在石门堂一带，那么，只能说魏驮山是一条从百笋坪向东延伸到石门堂附近的山脉。

称"蛟溪"，是水势写照。李家镇境内山势高峻，水流落差大，枯水季节，丛隐之地细水长流，而遇到雨水集中的年份，山洪暴发，飞流直下，浪可推石走，凶猛似蛟龙出涧，势不可当，故被称为"蛟溪"。民国《寿昌县志》载："蛟溪，从魏驮山发源至九都一图葫芦墩，再流而经上桐桥，又东而舒家劳村溪桥，与合溪相合为双潭，直流乐善桥，绕灵贶庙前，与新桥溪相合为龙潭，再流至潘村为潘村湾。"蛟溪先东南走向，与长汀源水合流，过李家傅村至大同，东流艾溪入新安江。

称"交溪"，是地理写实的。1986年版《建德县志》就称交溪。从西北面遥岭坑经新桥、傅村、诸家流来的叫新桥，从西北角的西坑源、北坑源经沙墩头、石门堂、上桐桥流来的叫大溪，从高塘水库经曙光流来的叫小溪。大溪居中，水流量最大，是交溪的源流；新桥溪、小溪的水流量较小，是交溪的支流。三条溪流在诸家村南边交汇后，流出水口，故称交溪。

而清光绪《严州府志》载："茭溪在县西六十里，发源于魏驮山，至富阜与长汀水合流，过富（傅）村与西溪合流入大同溪。"这里称"茭溪"，因由不得而知。

【杨家口水库】 沙墩头村西边有一段溪流河道由北向南走，西岸山脚有杨姓人家居住，曾经有杨氏宗祠，"文革"时期被拆除。西坑源、北坑源两股水流交汇处就在杨家自然村北，故称杨家口。杨家口水库就建于此处，故名。

杨家口水库属于小一型水库，1966年10月动工，1971年12月竣工，1973年发电。浆砌块石重力坝，坝高34.5米，坝长78米，水库发源于寿昌江支流蛟溪源头百箩坪，集雨面积18.917平方千米，总库容150.2万立方米，正常库容110万立方米，灌溉面积6000亩。

那时，建造山塘水库这类工程时有个惯例，就是凡是能够灌溉受益的村庄都要派工出力，下游村坊有许多青壮劳力参与过建设。曾经发生一起伤亡事故，施工现场放炮时，有一个劳村来的年轻人叫"斑子"的被炸破了头，医治无效而死亡，为修建这座水库献出自己年轻的生命。

现在，从杨家口水库出来的水顺势沿着沙墩头村西南边的山脚而行。先向南奔涌一小段后，再转身向东流去。直到杜家自然村头，才从田畈中间直行至石门堂村头。

杨家口水库配建一、二级小水电站：

杨家口一级发电站，因电站建在李家镇杨家口水库，利用库水第一级发电，故名。1972年4月建成投产，为坝后式发电站，总装机容量150千瓦，年发电量45万千瓦时。

杨家口二级发电站，因修渠引水，利用杨家口一级发电站尾水发电，故名。1979年5月建成投产，为引水式发电站，总装机容量250千瓦，年发电量75万千瓦时。

杨家口水库电站，1972年4月建站，原属李家、劳村、大同等三个乡镇共同管辖。撤区并乡后，1992年11月划归市水利局管理，属集体企业性质。2000年1月，根据政府有关改制文件精神，市企业改革领导小组建企改〔2000〕15号文件批复同意杨家口水库电站改制方案，对水库和一、二级电站引水渠的三十年经营权和电站产权向电站内部职工进行公开拍卖转制。

第三章　美丽乡村

李家镇政府所在地周边一带历史上曾经称为四灵乡，钟灵毓秀之地，每一座村庄都是美好的家园，每一座村庄都是温馨的故乡。现在的十个村庄虽未达到十全十美，却已经是美丽的山村，富裕的家园，令人留恋的地方。从全书体例结构考虑，本章只是从某个侧面对李家镇管辖的十个建制村及其所属的部分自然村进行简要的介绍。

第一节　石鼓村

石鼓村，由原大坑源、石鼓两个行政村合并而成，位于建德市李家镇西北，东邻长林村，南毗衢州市衢江区上方镇龙祥村，西接淳安县安阳乡，北依沙墩头村。村委会驻石鼓自然村，辖翁家、中间槽、大坑源、上方岭脚、金鸡山脚、小源口、郑家、石鼓、畈脚、桥头9个自然村，村以驻地得名，距镇政府驻地约9千米。村域面积19.8平方千米，其中耕地77.2公顷、山林1667公顷。以经营水稻等粮食作物为主，兼营杉树、油茶、毛竹和茶叶等农副产品。有乡道长石公路过村，接通省道富衢线。

现村域在南宋淳熙十二年（1185）属永平乡；明万历六年（1578）属永平乡；清雍正六年（1728）属后童庄，光绪八年（1882）属八都一图；民国三十年（1941）属长林乡。解放初为长林乡第七、第八村，1950年9月为石鼓乡石鼓、八村村，1955年7月为石鼓乡石鼓、大坑源初级社，1961年7月为长林公社石鼓、大坑源大队，1983年12月为长林乡石鼓村、大坑源村，两村自1992

第三章　美丽乡村

石鼓村村貌

年5月起属李家镇，2007年7月合并。

俗话说"在什么山上唱什么歌"，说石鼓村当然要说石鼓山。民国《寿昌县志》上说："石顾山，在县西六十里，岩石仰立，如头回顾，故名。俗作石鼓，非。"石鼓村西边的这座山看上去很像一个回头看的人，所以叫石顾山。但当地人一直把石顾山叫作"石鼓山"，原因是这座山上有块巨大无比的圆形岩石，村人编出故事，说是某神仙放置一只大鼓，一旦大鼓擂响，便有贵人降临。所以，邵姓人家迁来这里山下聚居后，便直接把村庄称为石鼓村，这个村名就一直沿用至今。

石鼓山旁边的金鸡山很有名，原因是它有一个动听的故事。民国《寿昌县志·山川》上说："昔有异人过此，闻石中有鸡声，剖之，得一鸡，金色。"金鸡山之名就是从这里来的。

而另外两处记载与此大为不同：一是光绪《严州府志·庙祠》

045

载:"鹅笼主簿庙,在(寿昌)县西鹅笼山下坑口,兴建莫考。相传唐天宝间,承命于此取金鸡不得,怒而卒。遂降灵于乡,因为立庙。"二是民国《寿昌县志·秩祀志》载:"鹅笼主簿庙,在县西下坑口,不知为何神,相传唐天宝间,承命于此取金鸡不得,惧而卒,遂降灵,乡人立庙祀之。""异人"变成"主簿",结果迥异,"异人""得一鸡,金色",而"主簿""金鸡不得,惧而卒"。

"异人"得金鸡,自然是喜而归去,后话略过;而"主簿"不仅金鸡未得,且命归于此,不管是"怒而卒"还是"惧而卒",事情自然不能就此罢休,"遂降灵",乡人当然地"立庙祀之"——这就是鹅笼主簿庙的来由。

鹅笼主簿庙在石鼓村下坑口。据说,鹅笼主簿庙建于唐玄宗天宝年间(742—756),是寿昌县境内建造较早的庙宇,在乾隆四十三年(1778)得到扩建,次年增立了韦陀、如来、十殿冥王、四大金刚等菩萨像,香火更加旺盛。沧海桑田,几经兴衰,距今有1400多年历史。

金鸡山在大坑源口,岭上有个溶洞,当地人称狐狸洞,洞内曾开采冰洲石。当时的寿昌林场曾于1985年开采,生产各类规格冰洲石56.25公斤,出售12.48公斤,收入11680元。

第二节 白马村

白马村位于李家镇西南偏西,距镇政府驻地7.5千米。由原界头、长林源两村合并而成。东至长林村,南至三溪村,西至衢江区上方镇龙祥村,北至石鼓村。因村内有白马寺,村以寺名。村委会驻地邱家,辖乌石坞、界头、赛里、邵家、邱家、猫石、饶家、刘家、孙家、鲍家、太背、前庄畈12个自然村。区域面积8.13平方千米,有耕地66.4公顷,山林769.4公顷。424户,1675人,门牌424块。主要出产稻谷、原木、杂粮、茶叶、油茶。省道富衢线穿村而过。

第三章 美丽乡村

白马村貌

现村域在南宋淳熙十二年（1185）属永平乡；明万历六年（1578）属永平乡；清雍正六年（1728）属长林庄，光绪八年（1882）属八都一图；民国三十年（1941）属长林乡。解放初为长林乡第五村，1950年9月为长林乡五村、石鼓乡五村，1956年7月为长林乡初级社，1961年7月为长林公社界头大队、长林源大队，1983年12月为长林乡界头村、长林源村，自1992年5月起属李家镇，2007年7月合并。

长林源自然村的南边有一座连绵起伏的大山，因山上老树林立、葱郁茂盛，故被称为老林山。它的半山腰上有一大片缓坡坪地，这个位置的奇妙之处在于隐蔽性：人站坪地上俯瞰山下，田野、河流、道路、村庄，乃至行人都可一清二楚；而在山下仰望，只见满山绿树浑然一片，根本看不到坪地上的一切。传说很久以前的一个春天，一匹雄壮的白马从老林山南飞跃过山岗，来到这

047

里的坪地上昂首溜达了一圈后，立定坪地中间化为神。当地人就在此建庵供奉祭祀，故称白马庵。坪地之后的巨大崖壁上留有白马踏出的一个大大的蹄印，至今还清晰可见，村人称之为"悬蹄岩"。

白马庵香火逐渐旺盛，周边村落的善男信女经常来此烧香祈祷，主事者便筹资扩建，并将白马庵改为白马寺，流传至今。

白马寺有一个生动有趣的传说。元朝末年，天下大乱。有一年，朱元璋与刘伯温带领的军队在江西上饶一带作战失利，遭遇元兵的追杀，不得不往浙江境内逃亡。当他们过了界头来到长林源时，队伍已是精疲力竭，难以奔波了。朱元璋听从当地高人指点，带领人马上老林山躲到白马寺里来。

寺里的住持是一位得道高僧，一眼就看出朱元璋非等闲之辈，既然这些人有缘来此，自己当尽地主之谊。住持立即安排僧人们先给朱元璋等人弄了些吃的，把他们安顿下来，并拿出寺内备用的草药给伤员疗伤。

几天之后，元兵追踪赶到长林源，可能是村里有人走漏了风声，元兵开始搜山围剿。住持得到消息并不慌张，把朱元璋等人带到寺东边山坡上的山洞里藏了起来。元兵搜山一无所获，朱元璋等人躲过一劫。

后来，朱元璋打下江山当上皇帝后，当地人便把朱元璋等人当年躲藏过的山洞称为"陛洞"，以示纪念。

东西向的长林源其实是一条狭窄的山垄，西头是上方镇的葱口，东边是长林口，两山夹峙之间的耕地不多，产出有限，故当地流传着这样一句顺口溜："长林源，直垄通，找不出一个财神种，找不出一个读书种。"意思是说，这地方很穷，辛辛苦苦创造的一点财富都被两头的两张口吃空了，没有一个富裕的人家，更供不起孩子读书。现在可大为不同了，村里不仅经济上显著提高，出现了经营有方身价上亿的老板，而且教育上也翻了身，每年都有学生考上大学。

第三节　长林村

　　长林村位于李家镇西南,村委会驻地长林口,距镇政府驻地5.3千米。由原长林口、后童两村合并而成。东至大同镇管村桥村,南至三溪村,西至白马村,北至沙墩头村。村以长林源得名。辖上洲、夏家、后童、长林口、马畈、煤山垄6个自然村。村域面积7.35平方千米,其中耕地114.9公顷、山林266.6公顷、"山改田"3.4公顷、水域0.6公顷。以经营水稻为主,兼营原木、茶油、蚕桑、中药材等农副产品。长林村是浙江省文明村。1984年,中国人民解放军南京军区、浙江省人民政府共同授予其"先进民兵青年之家"的荣誉;2021年,长林村获评省级善治村。

长林村貌

　　现村域在南宋淳熙十二年(1185)属永平乡;明万历六年(1578)属永平乡;清雍正六年(1728)属长林、后童庄,光绪八年属八都一图；民国三十年（1941）属长林乡。解放初为长林乡第三、第四村，1950年9月为长林乡三村、四村村，石鼓乡后童村，1956年7月为长林乡长林口、后童初级社，1961年7月为长林公社长林口、后童大队，1983年12月为长林乡长林口、后童村，两村自1992年5月起属李家镇，2007年7月合并。

长林村历史悠久，文化积淀丰厚，有许多值得书写的内容。比如，被村人历代严格保护的老林山、体现本地一方风情的庙会长林"三月三"、香火延续不绝的永佑寺，等等。因本书其他相关章节将具体描述，为避免重复，这里就只漫谈一下长林村的大夫第、花厅、四厅门、文昌阁四个古迹，试分析推测它们之间的某种相互联系。

邵氏大夫第具有传奇色彩。传说邵氏族人邵为益做大米生意，曾把一船大米送给朱元璋的官兵，解决他们的燃眉之急。明朝建立后，皇帝要给邵为益封官，但他不想做官，情愿回家做买卖。皇帝说，官不做，就给个"大夫"的封号，并下旨地方官为邵为益在老家长林口村修建大夫第，以褒奖其当年对明军的贡献。大夫第就修建在邵氏宗祠的左侧，台基居然比祠堂还要高出一级，气势非凡。因此，当地流传着一句顺口溜："平地三级浪，一浪高一浪。"据说，其围墙与牌坊毁于"文化大革命"期间，如今，只有"大夫第"作为地名还依然沿用。

据说，大夫第边上还建有一座花厅，建筑十分考究，石料用材质地好，砌墙时用糯米饭、豆浆等黏性极强的原料做砂浆，干燥后十分坚固。亭中悬空而出的木雕作品设计新颖、工艺精细，很有特色。可惜的是，20世纪70年代，花厅被一个衢州人整体买下，拆迁走了。

有气派的大夫第，有考究的花厅，那周围的配套工程也得跟上。据说，邵氏家族迁来长林口，经过数代人的连续经营，长林口村已发展成为一座形似小城的独特村庄：村坊四周建有城墙，东南西北各设城门，称四厅门，每个门都有专人管理，早晨打开，傍晚关闭，仿佛一座坚固的小城堡。四个厅门内侧各有一个池塘，村中有连通的水槽坑,从上游夏家溪里接水进村中池塘,既可保障村民日常用水,灌溉附近粮田,又可用于紧急防火。

民国《寿昌县志·桥渡》载:"护卫桥,在县西长林口,桥旁建有护卫亭,上置文昌阁。"通常情况下,一个地方或者一个家族的文昌阁要么设置在村坊中间,要么安排在宗祠的边上,像长林这样把文昌阁设置在村水口的桥亭之上实在是少见。有人猜测其用意是希望子孙后代要努力读书,增长才干,走出山村,走向更广阔的天地,一旦机会来临,便可以为国家出力做事。

第四节　三溪村

三溪村位于李家镇西南,距镇政府驻地7.5千米。东邻大同镇小溪源村,南毗大同镇江头村,西接衢州市衢江区上方镇金杨村,

三溪村貌

北依白马村。县道管三公路穿村而过，西南行可直通衢江区境地。村委会驻中央片自然村，辖乌羊苏、牛头坞、方西坞、中央片、石头坞、舒坞、上三溪、下三溪8个自然村。全村356户、1199人。村域面积8.39平方千米，其中耕地34.8公顷、山林771公顷、"山改地"6.6公顷。以经营毛竹、稻谷为主，兼营油茶、茶叶等农副产品。

现村域在南宋淳熙十二年（1185）属永平乡；明万历六年（1578）属永平乡；清雍正六年（1728）属山坑庄，光绪八年（1882）属八都一图；民国三十年（1941）属长林乡。解放初为长林乡第一村，1950年9月为长林乡一村村，1955年7月为三溪初级社，1961年7月为长林公社三溪大队，1983年12月为长林乡三溪村，自1992年5月起属李家镇。

民国《寿昌县志》载："太保庙，在县西八都三溪。"太保庙后来被拆除，建造起村小学校，庙虽不存在，却成为当地自然村名，乃三溪村中心，所以也称中央片。20世纪80年代初，从新安江、寿昌都有班车通到三溪村，终点站名就叫太保庙。

全村一千多口人，吴姓占大头。据老辈人介绍，北宋末年，延陵郡吴氏第六十四世明四公从安徽歙县始迁寿昌西乡三溪，为始祖。村里气派的吴氏宗祠至今保存完好，祠堂外的溪边还有一座吴氏花厅，可见吴氏族人对祖先的崇拜是十分虔诚的。迁到三溪的吴氏族人虽然过着日出而作、日落而息的简朴生活，但始终保持耕读传家的良好传统，读书一直是吴氏族人的崇高追求，因此，历代都有因读书优秀而走出山村在外创业的人才。三溪首届乡贤会名单显示，从三溪走出的各级领导、军官以及专家、企业家有三十余人，其中多数为吴氏族人。

三溪村是个相对偏远的地方，山多田少，山林资源丰富，其中以杉木最多，有5200多亩，其次是毛竹。因此，村里历届班子都能够因地制宜发展经济，做足山上文章，积极寻求致富之路。早在1968年8月23日，三溪村就挂牌办起村办林场，掀起村办林场植树造林高潮，在水坑造杉木基地林395亩，成为建德县第一片用材林基地。此后，年年造林不停步，山林面积不断扩大。三溪村林场在大面积造林中重视林业科学实验，科学造林，县林业局和浙江林学院在该林场建立试验山进行科研活动，总结出杉木基地造林的"全垦整地，挖大穴深栽，实生苗造林，幼林地套种旱粮作物"的经验。同时，建设杉木速生丰产林5115亩。当时，三溪村林场"以林为主，长短结合"，在大力经营用材林基地建设的同时，建立高产茶园、种植山苍子、幼林地套种旱粮作物等，走出一条"基地办林场，林场管基地，造了一片林，留下一批人，育林又育人"的办场新路子，成为浙江林业战线的先进典型，全省各地纷纷组织考察团到三溪参观学习。

如今，以杉木、茶园、竹林为主的复合型生态经济林已成为三溪新时代"靠山吃山"的绿色样板。该村拥有毛竹4220余亩，年产鲜笋100多万公斤，带动6000多人从事毛竹加工，竹农人均年收入约3万元，农民从毛竹产业获得的收入占总收入的近七成。三溪竹器编织业发达是因为毛竹多。以前，三溪的篾匠大多是祖传手艺，几代人都做篾匠。有些篾匠游村走户，上门做工；有些则在家里编织竹器，然后拿到集市上去卖。至今，每年的长林三月三、劳村二月八、寿昌二月十这些庙会集市上，常常可看到卖竹器的三溪人。近年来，三溪村又在毛竹基地上大做文章，寻求共富的捷径，在杭州市"绿竹神韵·扮靓G20"活动中，三溪村成功入选杭州"十大最美竹乡"。

第五节 沙墩头村

沙墩头村位于李家镇西面，村委会驻沙墩头自然村，距镇政府驻地4千米。由原沙墩头、北坑源、西坑源3个村合并而成。东至新联村，南至长林村，西至石鼓村，北至淳安县里商乡石门村，村道接通县道寿李公路。村委会驻地沙墩头自然村，村以驻地得名。辖沙墩头、西坑源、北坑源3个自然村。村域面积20.62平方千米，其中耕地38.8公顷、山林1953.3公顷。以经营水稻为主，兼营茶

沙墩头村貌

叶、山茶油、杉树、毛竹等农副产品。沙墩头村是"一不怕苦，二不怕死"的共产主义战士王根凤的家乡。

现村域在南宋淳熙十二年（1185）属永平乡；明万历六年（1578）属永平乡；清雍正六年（1728）属劳村溪庄，光绪八年（1882）属九都一图；民国三十年（1941）属四灵乡。解放初为四灵乡第十二、第十三、第十四村，1950年9月为长汀乡（1951年改龙桥乡，下同）十二村、十三村、十四村村，1955年5月为龙桥乡沙墩头、北坑源、西坑源初级社，1961年7月为李家公社沙墩头、北坑源、西坑源大队，1983年11月为李家乡沙墩头、北坑源、西坑源村，3个村自1992年5月起属李家镇，2007年7月合并。

据说，明代时此地曾发生大洪灾，由于村口狭窄，引起洪水回旋，水退后形成一片沙洲，人称沙墩头。就是这么一个两山夹峙的沙洲地带，经过全村人民数十年的奋斗，终于建设成为远近闻名的新农村建设典型，每年都吸引了大量的外地人员前来观摩学习。

本着"以企带村，实业兴村"的发展思路，沙墩头村逐渐走上致富的道路，从前依靠种田度日的村民由此过上了富裕的生活。全村大部分青壮劳力都在"正发"就业，并都拥有股份，"正发"已成为村民的主要收入来源。从2006年起，沙墩头村人均收入就远远高出全市平均水平，一幢幢新楼如雨后春笋般在沙墩头村拔地而起，村民的日子过得一天比一天滋润。

生活日渐富裕起来的村民，不再仅仅满足于吃得好、穿得好，迫切要求全方位提高生活环境质量。早在2002年，沙墩头村村两委一班人就开始谋划，结合本村的优势和存在的不足，拟定出具体的实施方案，在全市率先开展新农村建设。第一步就是进行村庄整治，正发实业公司为此无偿提供了30万元资金帮助启动村庄整治工作。经过几年的建设，道路硬化、村庄绿化、路灯亮化、卫生洁化、河道净化，新村面貌很快展现在人们眼前。全村新建了设施完善的社区医疗点，拆除了露天厕所，新建了公共厕所、无动力厌氧池、垃圾中转站，设立了固定垃圾箱20只，垃圾桶45只，配备专职保洁员，做到"路上无杂物、绿地无杂草、垃圾不满箱、卫生无死角"。村中4600米泥石道路被拓宽改建成6~8米宽的水泥道路，并安装了48盏路灯。建成了村中心花园和花坛，面积达9000多平方米，颇具气派。全村家家户户都在自家小院前后栽树种花，还在村前河道两岸种上了300多棵樟树，使整个村庄绿意盎然、空气清新。

现在的沙墩头村三面青山环立，村朝田野，一条1700米长的小河从村口蜿蜒通向山脚，四季水流不断。村庄规建有序，民居漂亮整洁，道路宽敞清爽，绿树整齐成荫，花卉常开不败，民风质朴淳厚，户户窗明几净，人人衣着时尚，个个谈吐文明。原始的生态和现代的文明构成了一幅和谐的新农村景象，这就使得沙墩头村成为全国妇联基层组织建设示范村、浙江省全面小康建设示范村、浙江省文明村、浙江省卫生村、浙江省绿化示范村、浙江省民主法制村、浙江省善治村、浙江省AAA级景区村，村党组织荣获"浙江省先进基层党组织""浙江省农村基层组织'先锋工程'建设'五好'村党组织",这众多的荣誉称号足以说明沙墩头村文明建设的丰硕成果。

第六节　龙桥村

　　龙桥村位于李家镇西面,村委会驻地上桐桥,距镇政府驻地2.2千米。由原上桐桥、前坊、石门堂3个村合并而成。东至原李家村,南至原曙光村,西至沙墩头村,北至新联村。以曾系原龙桥乡驻地而择名。辖上桐桥、东坞里、金堂庙、何家、石门堂、葫芦墩、太祖庙、石碧底、山朝塘、马头山、高岭岸、前坊等12个自然村。区域面积3.84平方千米,有耕地88.5公顷,山林213.0公顷。主要出产稻谷、原木、茶叶、油茶等。村道接通省道富衢线。

龙桥村貌

第三章　美丽乡村

现村域在南宋淳熙十二年（1185）属永平乡；明万历六年（1578）属永平乡；清雍正六年属劳村溪庄，光绪八年（1882）属九都一图；民国三十年（1941）属四灵乡。解放初为四灵乡第九、第十一、第十二村，1950年9月为长汀乡九村、十一村、十二村村，1955年5月为龙桥乡前坊、上桐桥、石门堂初级社，1961年7月为李家公社前坊、上桐桥、石门堂大队，1983年11月为李家乡前坊、上桐桥、石门堂村，3个村自1992年5月属李家镇，2007年7月合并。

龙桥村东南边是四灵山之一——麟山，当地人称马头山，半山腰上有一块高高耸立的岩石，形似雄鸡，故人称"鸡公石"。站在鸡公石上向北远望，是斜亘于西北部的千里岗山脉，连绵起伏，群峰竞秀；千里岗西头建德与淳安交界的地方叫百箩坪，从龙桥穿村而过的蛟溪就发源于此。近看：原来的石门堂、上桐桥、前坊三个村由西向东依次排列，尽收眼底；一眼望去，粮田成畈，阡陌纵横，村道蜿蜒，屋舍错落。

改革开放以来，尤其是农村实行家庭联产承包责任制后，村民们各自发挥优势和特长，因地制宜，开展多种经营，出现了许多专业养鸡户、养蜂户和养鱼户。部分富余的劳动力纷纷走出小山村，寻求致富之路，到杭州、新安江等地经商办厂，或者从事其他第三产业。村民收入逐年提高，首先得到改善的是住房，村里小洋楼逐渐多起来。

经济发展了，生活水平提高了，村民对生活环境的要求也随之提高。早在2011年的时候，龙桥村两委按照建德市委、市政府关于创建精品村的要求，带领全村党员、干部、村民积极创造条件，努力创建精品村，在硬件和软件上下功夫。经过努力，取得了十分可喜的成效，龙桥村成功地创建成为建德市首批十个精品村之一。

如今的龙桥村小洋房林立，绿树掩映，道路通畅，体育设施和文化设施齐全，村民安居乐业。

第七节　李家村

　　李家村为镇政府驻地，村委会驻地前山排，距建德市政府驻地29千米。由原曙光、前山排、李家3个村合并而成。东至诸家村，南至大同镇寻芳村，西至龙桥村，北至新联村。村以驻地得名。辖塘底、凉亭边、曙光、大坞里、大塘里、后庭基、马尾山、上前山、前山排、西塘蓬、李家、傅村12个自然村。西塘蓬，历史上有叶姓人家在此聚族成居，曾经称叶村，是宋代枢密使叶义问故里。村域面积3.73平方千米，有耕地130.7公顷，山林143.5公顷。主要出产稻谷、杂粮、原木、茶叶、柑橘、蚕桑。省道富衢线穿村而过。

　　现村域在南宋淳熙十二年（1185）属永平乡；明万历六年（1578）属永平乡；清雍正六年（1728）属劳村溪庄；光绪八年

李家村貌

（1882）属九都一、二图；民国三十年（1941）属四灵乡。解放初为四灵乡第四、第五、第六村，1950年9月为李家乡四村、五村、六村村，1955年5月为李家乡前山排、曙光、李家初级社，1961年7月为李家公社曙光、前山排、李家大队，1983年11月为李家乡曙光村、前山排村、李家村，3个村自1992年5月起属李家镇，2007年7月合并。

  李家村是个大村，可说的话题很多，这里只集中谈一谈李家老街的情况。李家这个地方早先称富峰，据说附近还曾有个富峰庵。宋时，居住在九都一图长汀源的李氏家族，其一支沿蛟溪而下，迁居到西塘蓬下首，李氏家族很快得到发展，成为村里的大家族，这里便称李家村。民国时期，原李家村属于寿昌县西九都二图，因村坐落在蛟溪之畔，曾称蛟溪村，旧时的四灵乡治所就设在李家老街。

  据说，李家村王祖汉先生家里有一幅画，画面是李家村的场景，落款处有题词："到村不见村，村在树木间。"这正好反映了当年的李家村古树成群、绿枝掩映的美好环境。村里现在还健在的老人依然清晰地记得，在李家村最西头的舒家桥南岸的凉亭边有两棵高大的枫树，据说树干很粗大，曾经有十多个小孩子在树底下玩耍做游戏，他们联合起来手拉手也没能把树干包围住。更为可观的是，从这里开始，沿蛟溪而下，一直到旺山庙的龙潭边都属于李家村境内的古道，两岸都挺立着高耸入云的千年古樟，比现在的傅村古樟树群规模更大，树龄更老。与此美景相映衬的风景，就是李家村北的邵家山上树木葱郁的地方，连耕牛都走不过去。可惜的是，这些珍贵的古树毁于大炼钢铁年代。

  旧时，从李家村穿境而过的官道成为寿昌通往淳安、衢州的必经之路，经商做生意的、探亲访友的，人来人往，络绎不绝，人气颇旺。李氏家族便在古道两侧筑舍而居，临街门面开设店铺做买卖。同时也吸引了安徽、东阳、永康、兰溪、龙游、衢州等周边府、县的商人摊贩前来经商开店，经营创业。这些人中有各自的特长，有的有经商经验，有的是能工巧匠。有木匠、鞋匠、铁匠等，李家街上很快就形成了热闹繁华的街市。

沿街店面为木结构砖砌房屋，门是古式的排门，亦有似窗的半截排门，多为收银取货之用，亦是防盗的安全措施。街市路面以青石居中，两侧砌以鹅卵石，中间高两侧低，以利雨天排水。店铺房为两层，前店后坊，楼上居家。街道两旁的房屋建造于不同年代，建筑风格以明清时期徽派建筑为主。

因村坊规模逐渐发展壮大，村民生活用水量不断增加，在村西头蛟溪筑坝引水，分三条水渠供清澈的水流穿村而过，滋润着村庄安宁的日子。中间的那条水渠就与老街古道平行，从村西头流到村东头。至今，这些水渠还存在村坊中，清水长流。

李家老街毕竟是山区小集市，店铺多以吃食、油、盐、酱、醋、米为主要商品，没有布匹、百货、药店。清时才有安徽歙县的杨老板，独资在街市中段开设布店，因品种单调生意清淡而停业转卖。清末，由李家住户李樟有购得杨氏布店，老店新开宰猪卖肉，自号"李记肉铺"，自宰自卖又是本乡本土，生意一直红红火火。李记肉铺经传三代，至20世纪50年代公私合营才划给当地供销社经营。

据说，老街中间的古道中间铺一道条石，两边镶嵌匀称的鹅卵石，旧时风貌，古韵十足。更让人惊叹的是，李家老街从东向西建有全覆盖的长廊，即便是雨天，人在街上行走雨也淋不到。可惜，后来长廊被拆除，这样独特的景致不复存在。

李家古街不仅是李家镇发展的历史见证，也是李家镇之域传统文化的缩影，集聚了富有李家镇特色的乡村风俗，是当地村风民俗的集中体现。古老建筑、民间艺术、商业贸易、宗族制度，成为体现李家镇乡村面貌精神内涵的重要载体。

第八节　新联村

新联村位于李家镇西北面，村委会驻地舒家，距镇政府驻地1.5千米。由原舒家、项山、山合3个村合并而成。东至诸家村，南至

新联村村貌

李家村，西至沙墩头村，北至新桥村。三村合并成新的村，以寓新村新气象之意而择名。辖合珠源、方塘坞、大山里、小源里、项山脚、上马经岗、下马经岗、西山下、舒家、下蓬等10个自然村。区域面积10.47平方千米，有耕地62.2公顷，山林1008.0公顷。主要出产稻谷、原木、茶叶、蚕桑等。县道寿李公路穿村而过。2021年，新联村获评浙江省级善治村、浙江省3A级景区村庄。

现村域在南宋淳熙十二年（1185）属永平乡；明万历六年（1578）属永平乡；清雍正六年（1728）属劳村溪庄，光绪八年（1882）属九都一图；民国三十年（1941）属四灵乡。解放初为四灵乡第九、第十村，1950年9月为李家乡九村、十村村，1955年5月为李家乡舒家、项山、山合初级社，1961年7月为李家公社舒家、项山、山合大队，1983年11月为李家乡舒家、项山、山合村，3个村自1992年5月起属李家镇，2007年7月合并。

新联村村委会驻地舒家，是一个历史悠久、文化内涵丰富的村庄。据说，村坊里有多处旗杆石，说明这里历史上有不少人考取功名，光宗耀祖。这地方叫富山，富山不大，是从马经岗向南延伸的一座小山包，两边都是田畈，站在远处瞭望，就像一艘准备出港驶向东南方的船只，山包上那一棵高大的古柏树，仿佛是船的桅杆，因此，当地人称之为"船形"。

相传南宋年间，衢州人舒起凤与叶义问同榜进士，到李家探访叶义问的时候，两人同游富山。舒起凤见这里是一块向阳的风水宝地，就向叶义问提出让他在这里定居。叶义问同意了，舒起凤便举家迁到富山居住，起初称"新舒"，后来就称舒家。舒家迁居到这里之后，代代相传，发展成一个很兴旺的家族，先后建有两座祠堂。

遥岭头北边是淳安县里商乡，是明朝一代名臣"三元宰相"商辂的故乡。据说商辂外婆家在舒家，因此，《舒氏宗谱》中有他写的《富峰八景记》及诗《三县层峦》《四灵列嶂》等。

从舒家往北，是一条高出东边田野十余丈的小土岗，约一千米长，当地人就称此土岗为马经岗。马经岗北边是大山里，是原山合村村委会驻地。大山里北边紧连着一条长长的山源——合珠源。

民国《寿昌县志·山川》载："合溪，从太华岭三县峰发源，至合珠源为合溪。再流而至小源口，与小源水相合为小源溪。又流至舒家桥头（蛟溪桥）并入蛟溪，其入口处为双溪。此溪在九都一。"又载："太华山，在县西六十里九都，山势峻险，上矗云霄，山背为衢县界，上有岭，即太华岭也。"从实际地理方位来看，这两处记载有矛盾，太华岭在石鼓村最西边的百箩坪附近，合珠源源头山岭应为大屋岭，依据是1984年编制的《建德县地名志》记载："相传古时淳安大屋岭有一将军，名叫姚江，经常骑马经过此岗，人们遂称此岗为马经岗。"

大屋岭高耸入云，岭上生长着许多箬叶竹，附近村民常来采箬叶裹粽子。据当地的山民讲，箬叶年年新长，但难得见到箬叶竹枝结籽。奇迹就出现在"三年困难时期"，据老辈人说，这期间，凡能吃的东西几乎都让人吃尽了，苦菜、棕榈树籽、葛粉乃至草根、

第三章 美丽乡村

新桥村貌

树皮，都不容易找了。后来，当地村民上大屋岭，发现岭上的箬叶竹枝头结了很多的籽，有人采摘来试吃了一下，发现比棕榈树籽更能入口，更有嚼劲。于是，大山里、舒家及附近一带的村民纷纷攀上大屋岭采摘箬叶竹籽回家充饥。徐信财老人回忆说，在箬叶竹籽成熟期间，他家兄弟三人天天上大坞岭采摘箬叶竹籽，先后共采摘到1000多斤箬叶竹籽，使全家人渡过了难关。第二年春天，当有人再上山时，发现许多箬叶竹枯死了。许多村民听说后，就结队上山去观看，当看到以往那满坡遍岭绿茵茵的箬叶竹丛大部分都枯死，没能再长出新的箬叶时，大家全都惊呆了，久久说不出话来。他们明白，这些箬叶竹在上一年结出大量的籽实，救济处在饥饿中的村民，却耗尽自己生命的所有能量。大地有灵，救助苍生！那些曾经到这里采摘箬叶竹籽充饥的人都不由得跪了下去。

第九节　新桥村

　　新桥村位于李家镇北面,村委会驻地郑家,距镇政府驻地2.2千米。旧时,在遥岭坑和枫树岗两条溪汇合处建有一桥,名双溪桥,后毁于山洪。清嘉庆十五年(1810)在原桥址重建石桥,遂称为新桥。村以桥名。东与航头镇曹源村相接,南与诸家村相邻,西与新联村为界,北至淳安县石林镇西岭村,县道寿李公路穿村而过。辖遥岭坑、赖家、鱼塘里、枣园里、航头牌、郑家、白坞里、黄泥口、排上、新屋里、樟坞坑、后亭、邱家、庙边14个自然村。区域面积8.78平方千米,有耕地48.1公顷,山林771.8公顷。主要出产稻谷、原木、茶叶等。

　　现村域在南宋淳熙十二年(1185)属永平乡;明万历六年(1578)属永平乡;清康熙十年为九都一图,清雍正六年(1728)属交溪庄,光绪八年(1882)属九都一图;宣统二年(1910)为四灵乡九都一图。民国二十五年(1936)行保甲制,仍属四灵乡。解放初为四灵乡第八村,1950年9月为长汀乡八村村,1955年7月为龙桥乡新桥农业生产合作社,1958年为李家管理区新桥生产队,1961年7月为李家公社新桥大队,1983年11月为李家乡新桥村,自1992年5月起属李家镇。

　　新桥村四面环山,是一个别致的微型盆地,北依千里岗,坐北朝南,阳光充沛,气候宜人,难怪早在十万年前就有人选择在这里的乌龟洞栖身。

　　新桥人家来自四面八方,村中姓氏较多,有吴、张、夏、赖、姜、胡、王、黄等,由于祖籍地不同,带来的方言也颇为复杂。村内流行有"南丰"话、"广丰"话、"福建"话、"四川"话、"贵州"话、"云南"话、"广西"话和浙江的常山、浦江、淳安、寿昌等地的土语方言,以"南丰"话为村内的通用语。

　　新桥村在1974年冬建立起大队林场,开展杉木基地林建设,1974—1978年,植树造林4118亩。为了使造林、护林两不误,从1978年开始,新桥村实行护林责任制,林场负责全村的护林管理,建立村护林小组。划分为9个护林责任片，统管山和承包山全部由护林小组统一护林，建立"户有村管"的护林机制，护林经费由村民委员会列支。

全村1万多亩山林，其中村级统一经营的4000多亩，村民承包山和自留山6000多亩。村订立"护林公约"，建立护林小组，有护林员10人，其中1人任组长，共同负责管理集体和个人的山林。该村"护林公约"规定：凡偷砍杉木1根，罚款240元；偷砍松木1根，罚款64元；砍封山区杂柴一担，罚款24元。全村山林划分9个责任片，每个护林员负责1片，月工资分86元和91元两档。村委会和护林员订立《护林合同书》，每片山林一年内损失树木不得超过9株，超过1株扣除护林员工资16元；护林经费由村委会开支，一月一检查，年终一总结，"护林公约"成为村民的行为规范。

到1990年，杉木基地林已经成材，村里开始每年有计划地砍伐、有计划地造林，至1995年，全村有林地面积10675亩，占林业用地面积的93.2%，其中用材林5749亩，经济林1893亩，薪炭林2973亩，竹林60亩。此后，新桥村的林业生产一直保持在良好的循环状态。正因为如此，新桥村于1996年3月被全国绿化委员会授予"全国造林绿化千佳村"称号。新桥村每年的林木收入占村集体经济的主要来源，村里有了钱，就用于各项社会公共事业，村容村貌大为改观。2021年，新桥村获评省级文明村。

第十节　诸家村

诸家村位于李家镇东北部，村委会驻地诸家自然村，距镇政府驻地1.5千米。东邻大同镇黄垄村、潘村村，南濒劳村溪，西至李家村，北邻大同镇大同村洞山。辖董家、红庙边、洲昏里、诸家、童家、夏家、馒头山7个自然村。村域面积0.83平方千米，有耕地62.5公顷，山林15.5公顷。主要出产稻谷、蚕桑、茶叶等。境内多矿藏，安徽大型水泥生产企业"海螺水泥"建德基地位于该村。诸家村是浙江省卫生村、浙江省美丽乡村特色精品村。

诸家村貌

　　现村域在南宋淳熙十二年（1185）属永平乡；明万历六年（1578）属永平乡；清雍正六年（1728）属劳村溪庄，光绪八年（1882）属九都二图；民国三十年（1882）属四灵乡。解放初为四灵乡第七村，1950年9月为李家乡七村村，1955年7月为李家乡诸家初级社，1961年7月为李家公社诸家大队，1983年11月为李家乡诸家村，1992年5月起属李家镇。

　　早先，居住在这里的是童姓人家，因此称"童村"。后来，有夏姓人和叶姓人迁入定居，童姓家族渐渐衰微，但地名仍称童村。直至诸葛氏从兰溪诸葛村迁来逐渐成为兴旺的大姓后，村名才由童村改称为"诸家"。

　　诸家历史上有不少古迹，遗憾的是大多数古迹都湮灭在岁月的烟尘中，现在保存完好的只有坐落在诸家村以西的石狮口八角亭。民国《寿昌县志·建置志》载："八角亭，在四灵区九都二傅村动山脚。"当地人又称"八角凉亭"。八角亭是旧时寿昌县过遥岭通往淳安县的必经之路，经商的、走亲的，还有挑夫等，往来行人颇多。据说，诸家村历来多行善积德之人，这些善人在凉亭的柱子上挂有草鞋，为行人救急所用；亭内设罗缸施茶，供过往行人及田间劳作的村民解渴。这样的善事直至民国年间才渐渐淡去。

说到诸家村，会有很多人马上联想到具有当地特色的诸家段龙舞龙艺术。

据说，舞段龙原先是由李家村部分热心人士组

诸家村段龙之乡

织发起，所以曾称"李家断龙"。但后来不知何故李家村舞段龙活动终止，与之相邻的诸家村继之，而且在灯具制作工艺、表演动作编排等方面进行了全面改造提升，显示出崭新的舞龙表演风格，因此，段龙又被称为"诸家断头龙"。后来，人们觉得"断"字不吉利，便改"断龙"为"段龙"。

诸家段龙俗称"九节龙"，将一条龙灯分制成九段，舞动起来，龙头、龙身、龙尾依次排列，精巧灵活、活泼敏捷、进退自如，最适宜乡村狭窄逼仄的弄堂小巷、农家小院表演。

知青文化是诸家村特有文化。诸家村有一处始于1972年的新地名"六间头"，成了本地一个具有明显时代印记的文化点。所谓"六间头"，是当年诸家村安排知识青年时建造的一排六间平

房，此地当时尚无地名，村民便将这六间平房作为地名称呼很快被叫响。

1969年，诸家村接收第一批来村插队落户的知识青年共10人，其中来自杭州城的有4人、新安江城的6人。那天，村里组织人员在村东头旺山庙边敲锣打鼓迎接知青。将他们接到村里后，安排得很周到，村里对待他们比自家的孩子更上心，全村十个生产队各挑选一户整洁干净、条件较好的农户安置了他们。两年后，知青们逐渐适应了乡下的环境，独立生活能力明显提高。根据大部分知青的想法和要求，村里利用上级拨款，从便于知青劳动和生活的角度出发，分三个点建设知青房。第一、二生产队在馒头山自然村建造两间，第九、十生产队在洞山脚自然村建造两间，在村中心的文化礼堂前建造六间。每间房屋隔成两半，一半做卧室，一半做厨房兼客厅。就这样，每个知青有了自己独立生活的"家"。

后来，知青们陆陆续续返回原籍，而他们曾经居住的家——"六间头"，至今仍保存完好，成为知青文化的展陈馆。

第四章　杰出人物

明代三元宰相商辂在《李家舒氏宗谱·富峰八景记诗序》中说："诵地灵者，必致美夫人杰。"李家镇一带曾被称为四灵乡。这地方确实是山川毓秀，人杰地灵，历代都有出众的能人贤达出现。比如，唐刺史李频，宋同知枢密院事叶义问，就是生长在这里的优秀人才。历史是人创造的，那些德行高尚的人在人类历史长河中发挥着重要的教化作用，他们的嘉言懿行就是我们进行德文化教育的最好教材。介绍这些先进人物，目的在于为后世立楷模，鼓励后人见贤思齐好修德，学习行动有榜样。

第一节　李频

李频是唯一被收入唐代正史《新唐书》的建德人。李频有诗才，更有吏才，可谓是家乡人的骄傲。尤其是出任建州刺史，他立即颁布法律条文，整顿吏治，稳定社会秩序，减轻人员负担，深受人民爱戴，次年病逝任上。建州百姓感激其恩情，在城东梨山建庙祭祀，以表崇敬和纪念。故乡寿昌河南里建有李都官祠；1988年，李频诞辰1170年之际，建德县有关部门集资在灵栖洞风景区建"梨岳亭"，立李频纪念碑，让前来灵栖洞游览的游人也能了解李频的事迹。

李频，字德新，睦州寿昌人，少秀悟，逮长，庐西山，多所记览，其属辞于诗尤长。与里人方干善。给事中姚合以诗名，士多归重。频走千里，丐其品题。合见频"中流欲暮见湘烟"之什，大加

李频诗集

奖异,以女妻之。大中八年,擢进士第,调秘书郎,为南陵主簿、判入等,迁武功令。于时,畿民多藉神策军,吏以其横类,假借不敢绳以法。频至,有神策士尚君庆逋赋六年不送,瞠然出入闾里,频密擿比伍与竞,君庆叩县庭,频即械送狱,尽条宿恶,请于尹,杀之,督所负无少贷,豪猾大惊,屏息奉法,县大治。有六门堰者,废百五十年,岁饥,发官(广会,合一字)佣民浚渠,按故道厮水溉田,谷以大稔。懿宗嘉之,赐绯衣银鱼,俄擢侍御史,守法不阿徇,迁都官员外郎,表丐建州刺史。既至,以礼法治下,更布条教。时朝政乱,盗兴,相椎敚,而建赖频以安。卒于官,丧归,父老相与扶枢,葬永乐,州为立庙梨山,岁祀之。

上面这段文字是《唐书·艺文志》对李频的介绍,过于简单,我们后来再详细讲述。在讲述李频详细事迹前,先介绍一下他的先祖李芳。

翁洮《卜居寿昌长汀始祖江南节度使李公传》说:"行部至寿昌,卜宅长汀之胜,奉母遂居焉。"唐德宗贞元年间(784—805),李芳出任江南节度使后,到寿昌选择长汀奉母定居。玉华《李氏宗谱》也有记载:"五世彦芳,为江南节度使,行部至寿昌,嘉其泉石之胜,卜宅是邑之长汀,子孙遂为寿昌人。"李芳官居高位，任期常奔波于江南大地，体察民情。在走访民间的过程中，李芳除了掌握大量民心民意的同时，也深深地被江南美丽的景色所吸引，锦山秀水、佳木异花，泉水滴漉，确实是滋补人的心灵。严陵是钱塘之源，寿邑青山绿水，环境优美。李芳行至寿邑，竟迷上了这方土地，遂卜居山水相间的长汀源。

镇守一方的节度使想在某一个地方留居卜宅，应当奏明朝廷。李芳暗自思量，找不出退隐的充分理由，就只好以母年迈多疾，回乡侍养为由，面禀明君。德宗李适念其孝，又是难得的贤良大臣，即准李芳归故，并赐以金银特备舟船相送。

梨山古寺奠基碑

李芳在朝廷为官是忠臣，归故里侍奉娘亲是孝子，长汀人见了，无不赞美其德。母亲去世，李芳十分悲痛，号啕大哭、泪如泉涌，他在母亲坟墓旁边的空地上修筑茅舍守墓，旦夕拜跪祭祀。旧志称："悲号忌日，恸哭不食。"旧时一般常礼守墓三载即可，而李芳为母亲守墓竟长达二十余年，那墓旁的茅舍也经过多次改建扩大，规模大为改观，已成为李家繁衍生息的居家。七十五岁那年，李芳端坐逝去。后来，李氏家族人丁兴旺，子孙衍居四方，寿昌人视李芳为李氏之祖。

李频（818—876），字德新，号东川，睦州寿昌（今属浙江建德）人。自幼聪颖，好读书、善诗文，尤长于诗歌，曾筑室西山，闭门读书。

传说有一次，寿昌县令穆君来游览灵栖洞，见到这美丽的景色，不由得触景生情，诗兴大发，随口吟出四句诗来——

一径入双崖，初疑有几家。
行穷人不见，坐久日空斜。

吟罢四句，再想往下续时，竟一时想不起好句来。这时候年幼的李频恰巧也在灵栖洞游玩，他顺口接了上去——

石上生灵草，泉中落异花。
终须结茅屋，向此学餐霞。

穆君听了大为惊奇，指着李频对他的随从说："这位少年出口成章，气度不凡，今后定会超过我。"穆君十分爱惜人才，他鼓励小李频继续刻苦学习。后来，李频果然没有辜负前辈的期望，求师访友，虚心好学，不断进取。长大后，与严州境内的知名文人方干、翁洮、喻凫、喻坦之为友，切磋诗艺，互相唱和，交往甚密，学问日长。并通过方干，结识了诗坛上的一些名流。

当时，给事中姚合有诗名，为诗坛盟主。姚合是名相姚崇的曾孙，诗与贾岛齐名，时称"姚贾"。李频仰慕其名，于开成四年（839）偕同诗友喻坦之，怀揣诗稿，千里迢迢专程去京师长安（今陕西西安）向姚合拜师求教，求其品题，以乞赐诗韵，想得到他的指点和提携。姚合读过李频的诗稿后十分赞赏，深为眼前的青年宏志所感动，加上李频生得一表人才，姚合"爱其标格"，十分喜欢。李频有《湘口送友人》诗——

中流欲暮见湘烟，苇岸无穷接楚田。
去雁远冲云梦雪，离人独上洞庭船。
风波尽日依山转，星汉通宵向水连。
零落梅花过残腊，故园归醉及新年。

《湘口送友人》是李频未登科第之前，与友人游览洞庭湖离别时的心感。以"独上"做衬托,既含蓄又寄寓无限情思,这情思便是与友同求功名与思乡之情。姚合见诗后认为李频为可用之才,将来必有作为,竟自作主张将自己的女儿嫁给李频为妻,一段"诗为媒"的佳话流传后世。

从此,李频就住在长安姚府,专心攻读,准备应考。

李频在姚家待了十年左右,考了几次未果,但并未气馁,继续努力。功夫不负有心人,直到唐宣宗大中八年(854),李频三十七岁那年终于如愿以偿,荣登进士第,他写《及第后归》以表达当时的心情——

家临浙水旁,岸对买臣乡。
纵棹随归鸟,乘潮向夕阳。
苦吟身得雪,甘意鬓成霜。
况此年犹少,酬知足自强。

李频在这首质朴的五言诗中,以清新的山水气息描绘家乡风土人情,同时,也展示了自己的胸怀。登第做官,虽然来之不易,但应知足自强,积极努力,有所作为。

在当时,考中进士是件光宗耀祖的大事。据民间传说,李频与妻子商量后,向岳父岳母禀告,打算回老家探亲,拜见父母大人。李频一切准备停当,便启程回乡。

一路上,在仆人的陪伴下,晓行夜宿、风尘仆仆,终于到了寿昌县城,住了一宿。第二天一大早继续赶路。登上高高的岘岭已近晌午时分,大家便在古道边的凉亭里休息。望着西乡苍茫山野,已经比较疲惫的李频妻子脸上露出畏难之色。李频见此,为了安慰和鼓励妻子,便吟唱出一首题为《及第后还家过岘岭》的诗:

魏驮山前一朵花,岭西更有几千家。
石斑鱼鲊香冲鼻,浅水沙田饭绕牙。

李频妻子听了之后明白他的意思，微微一笑，表示可以继续赶路了。

时近傍晚，一行人马终于来到长汀源村口。李频让大家在魏驮山边稍事休息，并派一名仆人先去家里报告。

这时，李频妻子见山边土坎上的一棵树上结着几颗青色的果子，便让人去摘来两个。

李频妻子拿着果子问李频："这是什么果子？"

"油茶果。"

"可以吃吗？"

"当然可以。"

李频妻子听了，正好口中干渴，要张嘴品尝时，李频赶紧示意停下，笑着说："夫人莫心急，这果子呀，吃法大有讲究。"

妻子疑惑地望着丈夫，李频却卖起关子来，说："等会儿回家再告诉你。"

这时，前去报信的仆人正好带着一帮李家人来了。大家寒暄一番，便一起向村坊里走去。

到了李家，喝茶聊天，很快就到了晚餐时间。因为家里事先接到李频的信，所以饭菜早就准备了，堂屋里摆了三张八仙桌，家人、客人各就各位。李频妻子见过公公婆婆后，就坐在李频的下手。这时，上来一道菜，香气扑鼻，特别诱人。李频特意为妻子夹菜，说："到山里就吃山珍，这炒笋干是我们老家的特色菜。"妻子边吃边轻声问丈夫："笋干怎么会这么香啊？"

李频见问，就悄悄地说："你还记得前面那两个青果子吗？就是这种油茶果子榨出来的山茶油，炒什么菜都香呢！"

妻子十分好奇："哦，那果子能榨油呀？"

李频见妻子感兴趣，就说："是呀，我们这里的山坡上种了许多油茶林呢，现在正是采摘季节，过两天我带你到榨油坊去看一看，你就知道啦。"

过了几天，会友走亲忙得差不多后，李频真的带着妻子来到离家只有三里多路的溪边榨油坊参观。在充满着山茶油香的氛围里，

第四章 杰出人物

李频陪着妻子看榨油作坊一道一道工序，边看边介绍，令妻子大为惊讶和兴奋，问这问那，流连忘返。

在家的时间过得很快，李频假期快满了，按照预计的行程，要带着妻子动身回京城去了。望着亲戚朋友送来众多的鸡蛋、腊肉、粽子、馒头等，李频为带礼物回京城送人颇费脑筋，面前的这些东西虽然好，但路途遥远，携带不便，时间久了还可能变质。

这时，李频妻子从厢房里出来，悄悄跟李频说："那里装在簸箕中的笋干有许多，我们能不能带点回家吃呀？"妻子的话提醒了李频，他马上走进厢房，果然，放在条凳上的大簸箕里堆着一大堆笋干，而且是母亲用红头绳一把一把捆好的——这不就是回京城赠送亲友的好礼物吗？妻子已经尝过笋干美味，也附和道："笋干携带起来轻便，又实惠，是京城难得见到的特产呢。"

就这样，李频夫妇回到京城不久，产自李家的笋干很快就上了亲戚朋友的餐桌，成为大家称赞的美味佳肴。

李频登科第初仕秘书郎，属秘书省辖，掌管图书经籍，收藏及抄写事务。大中末迁南陵主簿，咸通初由南陵主簿转为池州参军，咸通五年（864）再迁武功令，成为一方父母官，得以充分施展自己的政治抱负。

我们通常称李频为唐代诗人，其实，李频是一个有政治抱负、以政绩见长的人。

武功县为京师长安属县，乃京畿之地，权贵势力很大，社会关系错综复杂，向称难治，加上当地百姓大多加入神策军，就更难管了。神策军为唐代中后期的禁军，负责保卫京师的安全，由宦官统领，首领称左、右厢都知兵马使。中唐以后，藩镇割据，宦官专权，皇帝不信任外官，宦官气焰熏天，把控朝政，到了可以废立皇帝的程度。宦官统领的神策军拥有种种特权，"将吏迁官，多不闻奏，直牒中书令覆奏施行，迁改殆无虚日"。因此，神策军不守规矩，横行霸道、仗势欺人，违法的事件比比皆是。神策军威震朝野，至大中年间，朝野上下、地方官府、百姓人家闻之惶恐不安，甚至连御史都不敢去管，可见其气焰嚣张之盛。李频到武功当县令，如何处置肆无忌惮的神策军是一个绕不过去的问题。正义耿直的李频决心碰一碰这块硬骨头，对此《新唐书·李频传》有这样的记载：

于是畿民多籍神策军，吏以其横，类假借，不敢绳以法。频至，有神策士尚君庆，逋赋六年不送，睥然出入闾里。频密擿比伍与竞，君庆叩县廷质，频即械送狱，尽条宿恶，请于尹杀之，督所负无少货。豪猾大惊，屏息奉法，县大治。

"神策军士皆长安富家子，赂宦官窜名军籍，厚得禀赐，但华衣怒马，凭势使气。"（《资治通鉴》卷二五四）当地百姓多加入神策军以维护自身的特权，官府都惧怕他们，不敢去管。尚君庆六年不交皇粮国税的事情绝非孤例，要管好武功，非要把这股歪风打下去不可。李频决定抓住尚君庆这个典型，狠狠地打击一下。他暗中派人找尚君庆挑事，待尚到县衙告状时，乘势将他拿下，关进大狱，然后将早已掌握的有关尚君庆的违法行为一一上报给京兆尹，按律斩首，并追缴所欠的国税。那些仗势违法的"豪猾"一见势头不妙，一个个"屏息奉法"，再也不敢捣乱，武功县的社会状况大为改善。

在武功，李频一手抓法治，做好社会安定的工作；一手抓发展生产。水利为农业的命脉，武功地处关中平原，多引渭水灌溉，水利尤为重要，"有六门堰者，废废百五十年"。六门堰是武功县的一条大渠，荒废了一百五十余年，修复起来有很大的难度。李频到任恰遇岁旱饥荒，抗旱必疏渠，他趁灾年救赈之机，即开官府粮仓，以粮佣民浚渠，招雇饥民，以工代赈，疏浚堰渠，"按故道厮水溉田，谷以大稔"（《新唐书·李频传》）。以古道通渠灌水于田禾，秋时得以丰年，水利保证了农业的丰收，老百姓纷纷称颂李频的功绩。豪强伏法，县以大治；谷以大稔，道无饥民，社会始能安定，李频抓住了治理国家的要领，落实见成效，大得民心。武功重见天日，百姓安居乐业，功当归属李频，事闻于朝，"懿宗嘉之，赐以绯衣、银鱼",唐懿宗李漼闻悉龙心大悦,赐李频绯衣银鱼以嘉奖。县令乃七品官衔,而绯衣银鱼服色须五品以上官员才可穿佩。懿宗帝赐李频绯衣银鱼服色,是升官晋级,虽为县令,却受四品的恩禄。此亦为李频后来的升迁打下良好基础。

李频十分怜惜贫寒的才俊之士,多加拔擢。在池州,他奉命主试乡贡,选拔了被称为"九华四俊"的张乔、许棠、张蠙、周繇四人；张乔、许棠号"咸通十哲",然困场屋多年,咸通十一年（870）,李频任京兆府参军主试,悉加荐录,都为时人所称颂。咸通十二年（871）,擢升侍御史,负责督察、弹劾官员,"守法不阿徇"；不久,又升为都官员外郎。

咸通十四年（873）七月,唐懿宗李漼病死；年仅十二岁的李儇即位,是为僖宗,次年改元乾符。僖宗是个孩子,只知在宫中戏耍玩乐,权力全由宦官把持,朝政更加混乱,政治斗争更加险恶。为了避祸,也为了能有所作为,于是李频主动要求外放建州（治所在今福建建瓯市）,获得批准后,于乾符二年（875）正月离京赴任。

其时,唐王朝日趋腐败,导致唐末农民起义多发,路贼劫盗猖獗,市民泼皮横行。建州地处山区,可耕土地极微,又加上山区旱涝频发,百姓苦不堪言。李频上表自荐请任建州刺史,也不是十分理想的选择。

推敲起来,李频选择建州任职可能还有另外两个与亲情乡情相关的原因：一是建州位于睦州南面的武夷山下,与睦州一样同属山区,往建州赴任,睦州是必经之地,可以顺便回家探亲、叙旧；二是建州离睦州不算近,但也不是很远,既不违反官员不得在故乡任职的规定,又可以与家乡保持相对密切的联系。

李频任职建州刺史,作《之任建安渌溪亭偶作》——

入境当春务,农蚕事正殷。
逢溪难饮马,度岭更劳人。
想取烝黎泰,无过赋敛均。

不知成政后，谁是得为邻。

一首五言诗，倾吐了李频的真实情怀，也表明了他请任建州刺史的本意。诗中表达的是重视农事、关心民瘼、护国安邦的真切之情。

有了在武功任地方首长的经验，李频更加坚定地在建州推行以法理政的理念。《新唐书·李频传》记载："既至，以礼法治下，更布条教。时朝政乱，盗兴，相椎夺，而建赖频以安。"在一片乱局之中李频仍然坚持以法行政，以理性的法治化行为和他的人格魅力在晚唐的乱世中保留了一块乐土，这是很了不起的。

李频离京时已近晚年，到建州后又勤于政事，整顿乱局，第二年就病逝于任上。为了纪念这位勤政爱民的好官，建州百姓在城外梨山立祠建庙，名"梨岳庙"，尊他为一方之神，祈求他能保佑一方平安。经过历朝皇帝的敕封，李频死后的"爵位"越来越高，最后竟被封为"灵佑善应广济王"。诗人死后被追封为神的恐怕李频是唯一。百姓们用梨山上的大梨木雕成李频像，立于庙堂之上。"建安梨岳老梨木，刻作唐朝建州牧。"宋人的诗句形象地描述了当时庙貌森严的景象。

李频深受儒家思想的影响，主张积极入世；同时也吸收法家以法治国的思想，用以建设和管理社会。"惠人须宰邑，为政贵通经。"（《送寿昌曹明府》）要为民谋利、造福，就必须去做最基层的父母官；而为政的要道或曰指导思想则是儒家的经典（可贵的是李频并不排斥法家的思想，而是吸收法家的一些做法来理政）。这两句诗可谓李频一生行政的十字方针，贯穿其政治生涯的始终。

来自农村的李频深知农家的艰辛，十分关心民生疾苦。"但如诗思苦，为政即超群。"（《送德清喻明府》）这是他写给同僚的诗句，也是他为官的心得：做官若能像写诗那样用心，你的政绩肯定会好。在赴任建州抵达州境时，他写下了两首诗表达自己的心情："入境当春务，农蚕事正殷。逢溪难饮马，度岭更劳人。想取烝黎泰，无过赋敛均。不知成政后，谁是得为邻。"（《之任建安渌溪亭偶作》。建安为建州首县)诗中再次表达了李频的执政理念：为政公平。

唐代以诗取士，是中国古代诗歌史的巅峰时期，社会生活中几乎所有的题材在诗歌中都有所反映，出现了后世盛称的山水派、田园派等诗歌流派和李白、杜甫这样伟大的诗人。但如李频这样以一个基层官吏的身份抒写执政理念，并从执政理念出发呼吁改善民生疾苦的诗人却不多见。唐代有不少现实主义诗人，他们呼吁关心民生疾苦，揭露黑暗现实，写下了"朱门酒肉臭，路有冻死骨"（杜甫《自京赴奉先县咏怀五百字》），"是岁江南旱，衢州人食人"（白居易《轻肥》）这样著名的诗句，这些诗句直面现实，揭露黑暗，是了不起的，但也仅止于写实的层面。李频的诗则不同，他比这些反映现实的作品要深一层，他不仅看到了社会的不公，还提出了疗救的路子和方法，这也许是《新唐书》将他的事迹安排在艺文志中的原因吧。

据传，李频死后，家属原拟扶柩回原籍睦州安葬，但道路不宁，走到邵武（今属福建南平），再也无法前行，只得在县郊之上乌洲择地安葬，后世子孙遂在此守墓定居，后来竟发展成一个大村落，名曰"乌洲李氏"。乌洲李氏保持了李氏诗书传家的家风，出过很多有影响力的学者，如宋代的李深、李吕等七人，号称"李氏七贤"，在闽学中有很高的地位。

李频与同乡方干、翁洮、崔涂、喻坦之等相友善，互相切磋诗文，形成了一个地方性的诗人群体，后人称为"睦州诗派"，对地方文化影响很大。李频和方干二人是睦州诗派的领军人物，被称为"晚唐巨擘"，但不同于方干之处的是，李频"诗虽晚唐，却多壮句"（方回《瀛奎律髓》），他努力试图突破晚唐低沉的调子；"虽出晚年，体制多与刘随州相抗，骚严风谨，惨惨逼人"（辛文房《唐才子传》）；严羽评其"不全是晚唐，间有似刘随州处"；《东目馆诗见》称其"和平委婉，然清夷宕往中仍有俊逸气格"。其写景如"秦地山河连楚塞，汉家宫殿入青云。未央树色春中见，长乐钟声月下闻"（《乐游原春望》）；其写情如"壮志未酬三尺剑,故乡空隔万重山。音书断绝干戈后,亲友相逢梦寐间"(《春日思归》),多可传世,诗风直逼中唐,这与他宏大的抱负和为政的实践有关。

写景和思乡是李频诗的一大特色,如《春日思归》——

> 春情不断若连环,一夕思归鬓欲斑。
> 壮志未酬三尺剑,故乡空隔万重山。
> 音书断绝干戈后,亲友相逢梦寐间。
> 却羡浮云与飞鸟,因风吹去又吹还。

情长纸短,感慨深沉,从此诗中似能读出老杜和白香山的意境,前人评为"情近而挚,语浅而奇,只在口头,人不能及"(谭宗《近体秋阳》)。

李频对家乡有很深的感情,故居在寿昌长汀源,岘岭是出入的必经之路。据说李频中举后,带着新婚妻子回家探亲,路过岘岭,写下了《及第后还家过岘岭》一诗。语言通俗清浅,但是感情十分丰富,爱乡之情,溢于言表。

李频作品有《李频诗》一卷,后人改题为《梨岳诗集》行世。《全唐诗》编其诗为三卷,收诗196首。生平收入《新唐书·李频传》。

第二节 叶义问

民国《寿昌县志·人物志》载:"叶义问,字审言,九都人,登建炎二年进士第。慷慨多大节,甫筮仕即疏时相奸邪,分教上饶护郡印,辄发常平粟赈饥,高宗器之,擢侍御史。绍兴十九年,为吏部侍郎。时宰相主和议,兵备寝弛,义问请防海道,守淮甸,遣戍卒,严斥堠,练军,牧马,此六者今日急务,猝行则不及,预备则有余。寻除兼尚书,升枢密院同知。使金还,进知枢密院事。金主亮南窥,上命视师江淮,御书'义问到处,如朕亲行'八字于旗

叶义问简介

以赐之，遂有采石之捷。孝宗即位，封新安郡侯，资政殿学士，提举洞霄宫。义问虽居政府，所得俸禄悉以周故人，无资治第，寓衢州庵舍以卒，谥忠简。"这一段话概括了叶义问的一生。

光绪《严州府志·山川》记载："四灵山，在县西四十里。四山拱揖相向，各以形似，故名。宋叶忠简公义问故居在焉。"叶义问（1098—1170），字审言，严州寿昌九都社堪叶村（今李家村西塘蓬）人，出生于官宦人家，祖父叶俦是平湖县尹，家教甚严。叶义问为叶氏第五十二世孙，上溯五世祖仲景回迁寿昌县九都富峰社堪。

建炎二年（1128），叶义问登进士第，初任临安府司理参军。临安为南宋首都，司理为司法衙门、司理参军主掌狱讼勘鞫，堪称首都法院院长。天子脚下的法院院长不是那么好当的，而叶义问还不安分，又要去管分外的闲事，上疏弹劾宰相范宗尹，说其是奸臣，于是他被外放到饶州（今江西鄱阳）当儒学教授去了。其时知州不在，由他代理州政，天旱饥荒，老百姓没饭吃。他未经上级批准就开仓济民，遭到提刑衙门的弹劾，幸而上级并没有深究，这件事才算过去了。前枢密使徐俯很赏识义问的才干，准备向上级推荐，但义问却对徐俯家犯法的门僧加以处置，弄得徐俯很不高兴，将荐书寄还给义问，升迁的事也就泡了汤。

义问后任江宁（今南京江宁）知县。秦桧是江宁人，权势熏天，他在老家的亲戚很多，按国法要承担一定的劳役，同僚都害怕秦桧，不敢委派，义问说："如果宰相的亲戚可以不遵守国法，那么何以服众呢？"叶义问坚持按规定执行。调任江州（今江西九江）通判时，豫章（今江西南昌）太守张宗元因得罪秦桧，秦桧示意漕臣张常先拘押张宗元。张常先让义问去执行，义问将檄文扔到地上，大声说："我宁愿获罪，也不干这种缺德的事情！"张常先向秦桧汇报，义问随即被罢了官。

绍兴二十五年（1155），秦桧病死，叶义问才得以重新复官出仕。高宗还记得他当年弹劾范宗尹的事情，就召见了他。义问向高宗建议：台谏之官的废置应由皇上决定，秦桧的亲属党羽应该尽数罢逐，以言得罪者应该重新起用，官复原职。高宗遂任命他为殿中侍御史，掌纠察百官之权。

枢密使汤鹏举仿效秦桧所为，培植私党、拉帮结派，欲结党营私、独揽朝纲。将党羽周方崇、李庚安插到台谏官的重要职位上，以便掌纠劾大臣之权，排斥异己。义问连上奏章，列举罪状，加以弹劾，认为其"交通台谏，贼害良善"，何异于"一秦桧死，一秦桧生"。在义问的坚持下，高宗见谏，思之有理，即将汤鹏举及其亲信的官职全给罢免了。鉴于枢密院为掌握全国兵权的重要性机构，关系天下安危，义问向高宗建议，对于带兵将领的重要任命枢密院应该提出三个人选，最后由皇帝定夺，这样，军政大权才不至于旁落。叶义问的许多建议对于巩固南宋王朝中央集权有重要的意义，为此深得宋高宗赞赏，大多被采纳，并付诸实施，取得了很好的效果。因此，叶义问个人也得到重用，一路升迁，在短短的三五年中，叶义问可谓岁有升迁，从侍御史升迁吏部侍郎兼史馆修撰、吏部侍郎兼侍读、同知枢密院事等重要岗位上。

绍兴二十八年（1158）以后，不断传来金国积极备战，准备南犯的消息。高宗不信，于是义问上《言有备无患者六事奏》，提醒高宗要做好战备工作，提出预防海道、预守淮甸、遣沿边戍卒、机察斥候及拣军、收马等六项战备要务，以防不测。

绍兴三十年（1160）春，高宗派遣叶义问与贺允中为使者出使金国，打探虚实。叶义问在金国探听了许多军事情报，认为金国大造舟船、兵器，一定有南犯企图，应该提高警惕，严防金兵再度南下。回来后，义问一连呈上《海道宜备师屯奏》《两淮形势奏》等反映全国军备情况、加强前线战备的奏章。指出金人"迁汴京，造战船，皆有深意"，建议借用民力，"于江海要处分寨，以土豪（地方力量）为寨主；官兵振于塘岸之口，使官无虚费，民无横扰"，以为上策。《两淮形势奏》更是一篇总揽全局、高屋建瓴的战略之策。奏章径直以"两淮形势，在今危急"这样触目惊心的字眼开头，目的在于引起朝廷上下的高度重视，要做好充分的作战准备。在这篇奏章中，叶义问全面分析了荆南、鄂渚、九江、池阳、建康、镇江、江阴、合肥各军事要处的战略布防情况，要求饬令分屯诸将"择地险要，广施预备"，充分做好战备工作，积极应战。同时，他还指出，金人南犯主要依靠签军的力量，而签军原是沦陷区的老百姓，"本吾民也"，他们心怀故国，是被迫当兵的，"其肯为敌效死乎"，这种从政治的角度谋划军事的思想是极有眼光和高度的。另外，在这篇重要的奏章中，叶义问还提出了屯田和坚壁的主张。建议派武将镇守江淮一带，公私荒田用以屯田，"募人耕之。暇则练习（军事），来则坚壁勿战，去则入壁勿追，使之终无所得而自困。此持久之说也"。叶义问已看到宋、金不能速决，必须打持久战，这一点也是很有战略眼光的。

果然不出叶义问所料，在叶义问使还的第二年，即绍兴三十一年（1161）八月，金国果然大举南犯，组织60万金兵分四路攻宋：一路出海道向临安；一路从蔡州（今河南汝南）南进；一路从凤翔（今属陕西）取大散关；一路由统帅完颜亮亲自率领，出寿春（今安徽寿县），直逼淮南。金兵渡淮，宋军守将王权弃地逃跑，金兵进至长江北岸，虎视江南。

金军临江消息传到临安，京城乱作一团。文武官员纷纷把家属送走，宋高宗也要乘船"浮海避敌"。只有陈康伯和黄中的家属留在临安，并坚决反对往海上出逃，高宗才表示"亲征"继续抵抗。十月中旬，高宗派叶义问统率江淮军马，中书舍人虞允文参谋军事，并赐给叶义问自己亲笔书写的"义问到处，如朕亲行"八个大字以壮行色。叶义问命允文往芜湖传达朝廷命旨，让池阳守将李显忠接管王权的部队，并往采石矶犒劳守江军队，还自往镇江拜会老将刘锜，见刘锜病重，遂命部将李横代之。又往建康（今江苏南京）布置防务。虞允文至采石矶，王权已经离职潜逃，允文激励军队，部署战斗，大败金兵，采石矶之战取得了完全胜利。允文分兵驻守京口，义问亦命大将杨存中率领所部来会，进一步巩固了江防。京口防范严密，金兵无法突破，完颜亮十分焦躁，命令部下诸将必须于三日内渡江，否则尽杀之，从而激起兵变，完颜亮被部下所杀，金兵退回淮河以北。允文往镇江探望刘锜病情，刘锜拉着允文的手说："疾何必问！朝廷养兵三十年，一技不施。而大功乃出一儒生，我辈愧死矣！"这样一场大战竟然全凭两个读书人指挥下来，并取得胜利，实在是一个奇迹。

采石矶大捷是宋高宗晚年唯一的大胜仗，其时在高宗的默许下，抗金名将岳飞早已被奸贼秦桧以"莫须有"的罪名害死，另一抗金大将韩世忠也已病死，在一片求和妥协的投降氛围中，南宋小朝廷已无领兵之将。这一年，老将刘锜已经病重，而金人在经过精心准备后，又大举南犯，赵构这个只会逃跑的皇帝又准备开溜，逃到海上去，因群臣反对只得勉强迎敌，任命叶义问为同知枢密院事，督视江淮前线军马，并命虞允文参谋军事。在军中无大将，书生上阵仓促应战的情况下，凭着官兵们的同仇敌忾，取得了采石矶大捷。

采石矶大捷引发了连锁反应，金兵统帅完颜亮因暴虐刚愎激起兵变而被杀，军无统帅，金人匆匆退回淮北，从此很长一段时间未敢南犯；同时也引来了赵构的内禅退位，养子赵眘接位，是为孝宗。孝宗即位之初，积极准备兴师北伐，重新起用主战派胡铨、张浚等人，下诏为岳飞平反，朝中呈现一派中兴气象。可以说，采石矶大捷对于宋、金两国都有深远的影响。

因这次战功，孝宗即位（1163）后，叶义问被封为新安郡侯、资政殿学士、提举洞宵宫观，故明代方宽在《严陵赋》中写道："金亮窥江，采石奏捷，封新安郡侯者，叶义问也。"但叶义问一介书生，不懂军事，督师江淮全凭爱国豪情，他深知自己难当军事重任，战事结束后马上向朝廷打报告，要求辞去枢密院的职务。隆兴元年（1163），遭御史中丞辛次膺弹劾，叶义问谪官饶州（今江西上饶）。叶义问的请退救了他的命，虽未以"奸罔"论处，却被谪饶州。孝宗乾道元年（1165），叶义问被诏"自便"，随即离开饶州，欲回寿昌老家，途遇西安（今衢州市衢江区）石室街，见烂柯山之胜，寻思自己老家无私宅田产，不便容身，更无他处可投，不如就此安身，于是选择烂柯山东麓南庵歇息。乾道六年（1170），义问终于西安僧舍，享年七十三岁。

叶义问三十一岁中进士，七十三岁去世，为官四十余年，但一生清正廉洁，又乐于助人，所得俸禄大都接济有困难的亲朋和晚辈（这大概就是辛次膺弹劾他的"以官私其亲"的罪名），所以身边毫无积蓄。晚年时身居高位，完全可以衣锦荣归，购良田、起美宅，但他并没有这么做，以致临到退休时竟然连个栖身之所也没有，只得寄住在邻县西安（今浙江衢州市衢江区）的一个寺庙里，最后竟在寺院里去世，晚景不可谓不凄凉，令人为之叹惋。死后，朝廷追谥为"忠简"，因此后人都尊称他为"叶忠简公"。

【历代取得功名人物】 自汉唐以来，历朝历代取士选才多以科第为主，特别是明、清两朝尤其专重科举考试，读书之人求取功名以进士、举人、贡生为正途。李家镇一带虽处浙西山区，经济和教育条件相对较差，但还是有不少通过科举考试取得了功名，只有少量以封荫为晋身之阶。现将从地方志书及家谱中查证到的李家镇范围历代取得功名的人员罗列于下：

进士

唐
大中八年甲戌科唐幖榜：李频（八都长汀源人，建州刺史）。
宋
宣和六年甲辰科沈晦榜：叶义应（九都人）。
建炎二年戊申科李易榜：叶义问（九都人）。
绍兴四年甲寅科陈亮榜：傅义（傅家人，见《傅氏宗谱》）。
淳熙十年癸卯科（？）榜：傅仁（傅家人，见《傅氏宗谱》）。

举人

宋
景定五年甲子科：邵大椿（经魁，长林人）。
咸淳十年甲戌科：李洪福（乡魁，八都长汀源人，诰授太子舍人，见《李氏宗谱》）。
李炎薪（八都长汀源人，年份失考）。
元
邵子俊（长林人，年份失考）。
明
嘉靖三十一年壬子科：舒仕锷（九都人，《府志》作"谔"，知县）。
崇祯十二年己卯科：舒于明（九都人，己卯北直、中式、安福知县）。
清
顺治八年辛卯科：邵朝品（直隶中式，长林人，渑池知县）。

岁贡

明
嘉靖三十年：邵挺（长林人，程番府推官）。
天启元年：舒日新（九都人，山阴训导）。

十年：吴廷奇（山坑人，绍兴府教授）。

十五年：吴文耀（山坑人，金华训导）。

清

顺治五年：吴道亨（山坑人，金华训导）。

九年：舒尔志（九都人，宁波府训导）。

十三年：吴山（八都三溪人）、吴至诚（八都三溪人，永康训导）。

十四年：吴志诚（山坑人）。

五十七年：邵宗庆（八都一石鼓人）。

嘉庆十九年：邵鸿勋（八都一石鼓人）、邵三锡（八都一石鼓人）、邵三槐（八都一石鼓人）、邵勋铭（八都一石鼓人）。

道光二十六年：傅亨期（九都二傅村人）、吴履亨（八都二三溪人）。

同治七年：邵辅周（八都一石鼓人）。

十一年：李锡光（九都二蛟溪人）。

二十年：吴凤翔（八都二三溪人）。

恩贡、拔贡

明

天顺六年：叶功崇（恩贡）、舒崇（恩贡，九都人，分宜县丞）、傅玺（恩贡，九都人，靖安县丞）。

清

顺治四年：吴苏（拔贡，三溪人，福建泉州通判）。

乾隆六年：李昆（拔贡，蛟溪人）。

十五年：邵中灏（恩贡，长林人）。

三十年：李玉枒（拔贡，蛟溪人）。

五十一年：李玉楼（恩贡，九都二，蛟溪人）。

府庠贡

清

顺治五年：邵朝品（拔贡，长林人）。

十四年：吴忠卿（山坑人）。

例贡、例监附（止载授职者）

明

正德三年：舒纪（九都人，益阳县丞）。

万历七年：邵坎（长林人）。

清

康熙十五年：吴维垣（山坑人）。

杂职

明

舒爽，九都人，丰城主簿。

洪长，九都人，攸县县丞。

清

康熙：

李自涵，蛟溪人，考授经历。

乾隆：

邵廷杰，长林人，捐纳把总衔。

李玉树，九都二蛟溪人，儒学攒典，考选县右堂。

邵廷杰，八都一长林口人，同治初由捐恩授把总作品衔。

第五章　遗址古迹

　　李家镇境内有不少遗址、古迹。1974年11月，在新桥村乌龟洞发现一枚距今约10万年的人类上犬齿化石，定名为"建德人"，"建德人"遗址是全国重点文物保护单位；龙桥村石门堂（旧称长汀源）是唐代著名诗人李频的故里、李家村西塘蓬是宋叶忠简公义问故居；严州知府朱皑、通判刘永宽在明代成化年间修筑的遥岭古道至今还是附近建淳两地人民往来的通道；三溪村始建于清乾隆二十四年（1759）吴氏至德堂至今保存完好。

第一节　遗址

"建德人"遗址

　　在新桥村航头牌路边，有一座"建德人"遗址牌坊，牌坊两边立柱上有王漱居先生书写的对联，上联是："溯10万年空谷足音石牙犹启浙江史"，下联是："观八百里严陵画卷橼笔应书建德人"。意思是说，"建德人"遗址把浙江人类历史追溯到十万年前，而建德锦峰秀岭的山水画卷则是"建德人"的良好生存环境。

　　1986年，北京大学考古系年代测定实验室公布了在建德乌龟洞中同上部地层人类牙齿化石伴出的牛化石标本采用铀系法测定年代数据，将"建德人"的生活年代重新确定在距今10万年前。也就是说，"建德人"所处的社会发展阶段相当于考古学上的旧石器时代中期段，即处在母系社会初期阶段。

　　建德人牙化石的发现，证明乌龟洞周边是人类早期活动遗迹，让人仿佛依稀望见十万年前先民的身影：远在混沌初开的旧石器时代，在建德这片古老而美丽的土地上就生活着我们的先民"建德人"。

"建德人牙"这一考古新发现表明，浙江省同样是我们中华民族光辉灿烂的文明发源地之一。它和黄河以北的北京山顶洞人遗址一样，具有十分重要的意义和价值。它是浙江省境内首次发现的"新人阶段"——智人即具备一定智慧的人类的化石，丰富了我国古人类分布资料。1979年12月出版的《中华人民共和国地图集》第三十幅《中国主要考古遗迹图》中，标明了这一遗迹的所在地。

1982年10月23日，"建德人"遗址被公布为建德县文物保护单位。

1989年12月12日，"建德人"遗址被公布为浙江省文物保护单位。

2013年，"建德人"遗址被国务院列为全国重点文物保护单位。

梨山庙遗址

梨山庙遗址位于李家镇龙桥村石门堂自然村金堂庙。

当地民众为供奉唐代李频，仿建州之制而建，历代屡毁屡建，最后一次重建于清道光元年，1973年毁坏殆尽。遗址所存《捐输碑记》载："考浙东西为杨［扬］之南域，山川灵秀，代有杰人，而求其才德兼优者，惟我睦州李都官。……同社诸人，欲广其基，大其庙，靡不欣然乐从，捐输踊跃……"遗址上现尚存有香炉碎片、石兽像。现又有建新庙，为二进。

第二节　古迹

鹅笼主簿庙

鹅笼主簿庙在石鼓村下坑口。

光绪《严州府志·庙祠》载："鹅笼主簿庙，在（寿昌）县西鹅笼山下坑口，兴建莫考。相传唐天宝间，承命于此取金鸡不得，怒而卒。遂降灵于乡，因为立庙。"

民国《寿昌县志》载："鹅笼主簿庙，在县西下坑口，不知为何神，相传唐天宝间，承命于此取金鸡不得，惧而卒，遂降灵乡人立庙祀之。"

鹅笼山西与衢州接壤，离寿昌县城六十里，山峦叠嶂，涉足艰难。鹅笼山为千里岗山脉的西段，发脉于天井山。昔传宝公是一位勇士，光绪《寿昌县志》记载："相传昔有烈士居此，一日负牛犊入岩，后不复出，至今时闻音乐声。"鹅笼山之西侧是金鸡岩，俗称金鸡岭，形似下蛋母鸡。金鸡岩有一庙堂，其名"鹅笼山主簿庙"，是寿昌县境内建造较早的庙宇。

2015年，经上级民族宗教部门批准，石鼓村鹅笼主簿庙为佛教活动场所。2016年2月25日，鹅笼主簿庙被列为历史文物保护单位。

珍石桥

珍石桥，也称镇石桥，在石鼓村东。

光绪《严州府志·津梁》载："珍石桥，在（寿昌）县西六十里。"

民国《寿昌县志·桥渡》载："珍石桥，在县西六十五里石顾。"

建造于清代中期，距今400年左右。单孔，石拱桥。长4.3米，宽2米，高2.9米。

石鼓村《瑶山邵氏宗谱》记载，清代邵宗庆作《石桥印月》诗：

石硖秋夜阑，石桥临突兀。
轻飘两岸风，倒映一川月。
娟娟态媚人，皎皎寒侵骨。

徘徊绝顶望，真欲探蟾窟。

长林源城隍庙

长林源城隍庙在白马村长林源北。

明嘉靖二十四年（1546），时任寿昌知县的程谟，曾作《修城隍庙记》有言："陆放翁言，唐以来，郡县皆祭城隍，今世尤谨……城隍之庙，守土者可不加之意哉。未能御大灾，则祀之，能捍大患，则祀之。"

城隍庙乃一城的保护神，是百姓祭祀神灵、镇邪抚正、永保人世平安的去处。城隍庙分设府城隍和县城隍二级，庙中供奉的主神是曾仕出本府县并勤政为民的已逝官吏。

城隍庙设于城中，很少有设在城外的，而且也只有一处城隍庙。寿昌县县治四经迁徙，有文字记载城隍庙曾设有三处：邑村城隍庙、长林源城隍庙、寿昌城隍庙。

民国《寿昌县志·秩祀志》载："邑村城隍庙，在县西六都邑村畈，昔县治建于此，因有庙，唐初徙治并迁其庙，神像百人不能举，因留故地，庙久而祀，元至元二年县令王子玉重建（旧志作尹子玉）。又：八都一图长林源亦有城隍庙。"邑村亦称邑村畈，因此处曾设置寿昌县县治，也有称古城畈的。邑地设置城隍庙顺理成章，唐神龙年间县治迁徙，城隍庙随县治迁徙而迁。庙址在今大同镇政府南面，黄山头村东，庙已重修，号"古亘城隍庙"，邑村城隍庙应初建于置县之初，是新昌县时所建。新昌改寿昌，治迁古城山麓仍沿用此庙。

如果不是地方志书上有明确记载，我们根本不会相信在长林源这样一条狭窄的山垄里会有城隍庙。从实地情况分析，长林源为寿昌县西八都一图，为县之西陲。西陲边界增设城隍庙，可能与警卫预防有关。

白马寺

白马寺，旧时称白马庵，位于白马村南白马山半山腰坪地上。

白马寺所在山体形似马背（马鞍），故名。天下寺庙以白马为名者很多，大约是因为白马驮经有功吧。而这里的白马寺名来历另有一说，传说，某年有一匹雄壮的白马从老林山岗上飞跃过来，来到这里化为神，当地人就在此建庵供奉。至今，寺后的一块巨大崖壁上还留有一个大大的马蹄印。

寺宇修建何时已不可考。据当地老辈人介绍，白马寺始建于唐武德年间，最早是一座庵，称白马庵，曾经香火兴盛；宋朝末年曾经扩建，元朝时遭到元兵践踏，寺院被毁，到元代末期，白马庵只有一个和尚，没人知道这个和尚的来历。后来朱元璋带兵路过此地时，正好天下雨，这个和尚就给一个兵发一顶箬笠，虽然部队兵员众多，但和尚照样给每个人发一顶箬笠。前些年修庙扩建挖土时，发现地底下有大量的残砖碎瓦，说明当年的建筑规模不小，不知后来遇到天灾还是人祸，建筑物遭到严重破坏。

1998年1月批准设立，后在原址进行修缮扩建。内设大雄宝殿、圣神殿、天王殿、观音阁、药师殿、祖师堂，有大小塑像60多尊。寺前建有观音亭。占地1.33万平方米，建筑面积8000平方米。

白马寺历经一千多年，几经兴废，现在仍在兴建中，再过一段时间，一座宏大的白马寺将会出现在老林山上。

崇因报本禅寺

崇因报本禅寺，又称崇因寺，旧时称崇恩院，在白马村白虎堂山脚。

《景定严州续志卷十·寺观》："崇恩院，在永平乡。"

光绪《严州府志·寺观》载："崇因寺，在县西八都，旧崇恩院。宋绍兴间，枢密叶义问建，以奉朱佛香火，请额于朝曰崇因报本禅寺。咸淳壬申，僧时芳重建。今寺有枢密像存焉。"

民国《寿昌县志·秩祀志》载："崇因报本禅寺，在县西八都，旧名崇恩院。宋绍兴间，叶枢密义问建，以奉朱佛香火，请额于朝，诏赐今名。咸淳壬申，僧时芳重建，内有叶枢密肖像。"

崇因报本禅寺始建于南宋绍兴年间，建寺初衷是纪念里人朱佛，由同知枢密院事叶义问建。崇因寺虽地处寿昌西部山区，但建寺者是朝廷二品大员，供的是行善信佛之人，又由圣上赐寺名，可见崇因寺之不一般。

崇因报本禅寺被毁多次，20世纪末里人重建，内供叶义问像，寺院小而矮。

朱佛庵

朱佛庵在白马村白虎堂山脚崇因报本禅寺西侧，供朱佛像。

宋景定《严州续志》载："朱佛庵，在（寿昌）县西六十里，崇恩院侧，有塑于龛者，曰朱佛，岁旱祈祷辄应。相传，昔有农朱姓，耕山诵佛于此。遇亢阳，常有云覆之。诸人以雨辄验，邑人指为活佛。后趺坐示化，人为立庵。宝祐间，知县刘廉状其灵异，请赐号。"清光绪《严州府志·庙祠》、民国《寿昌县志·秩祀志》都有类似的记载。

朱佛，永平（今长林村一带）人，善心信佛。朱佛种地于山间，山地易旱，五谷难收，便劳作间口诵佛经。每遇烈日常有云覆盖，雨浇山地，得以粮丰。里人敬重其品德，诵经就雨灵验，而称朱佛为活佛。叶义问顺应民心，建崇因寺于朱佛耕山处，奉朱佛像于此地。后人在旁边另外建有纪念叶义问的小庙。

那么，身为朝廷高官，为什么会在这偏远的山岙为朱佛建庵？

万历《严州府志》记载：宋时，富僧有以丝绸制作袈裟，并绣花缀彩，称名"山水衣"。朱佛心向叶枢密家求施舍，其家人答无此物。朱曰："在阁楼上大竹箱中。"话毕，走向门外。叶家人奇之，尾随而出，见朱佛心与一虎同坐，大惊，乃将山水衣付之。绍兴二十九年（1159）二月八日，朱佛心如僧人般趺坐而逝，卒后，身中猝发三昧真火，自焚其尸。此后，每逢野火烧山，至其地火即自灭，寸草不生。人为之立庵。庵废，其像移入崇因寺，祈祷多应。

民国《寿昌县志·方技》也有相似的记载：宋朝时，朱佛法，名善心（《府志》作佛心），八都永平乡人。耕山诵佛，遇赤日尝有云覆之，诸人以雨辄验，邑人指为活佛。一日，至叶枢密家求山水衣，其家曰："无有。"朱曰："在某箧中。"良久曰："吾带一小畜，恐惊人，当出收之。"人尾其后，见一虎系于柏树。绍兴十九年壬申二月八日，留偈云："六十一年住世间，随流来往度尘寰。今日已归霄汉去，碧空云外有青山。"趺坐而化。所居之处，野火烧至即灭，人为立庵。

朱佛庵与崇因寺同在一山中，寺、庵同供朱佛，此种现象实为少见，可见的是里人对朱佛的无限崇拜。

护卫桥

护卫桥，在长林村东。

民国《寿昌县志·桥渡》载："护卫桥，在县西长林口，桥旁建有护卫亭，上置文昌阁。"

长林口，旧时属寿昌县八都一图。大坑源溪绕村而过，跨溪建有护卫桥。大坑源溪流从源头至长林口村，古时候有五座桥，即后童桥、底旺桥、三节桥、水口桥和护卫桥。五桥各有特点，各显其美，其中优胜者当数护卫桥。护卫桥是旧时寿昌县贯通衢州及南行各州府的主要桥梁，桥宽数丈，石垒桥基，桥旁有亭阁，可谓当地一道亮丽的人文景观。按照常规，文昌阁中供奉的是文昌帝，文昌帝乃天际的文曲星。长林口村的护卫桥上亭中设置文昌阁，其寓意显而易见：希望当地学子勤奋好学，走出大山，走向更广阔天地。

四厅门

据老辈人介绍，长林口村当年周边有围墙，东南西北分别设厅门，四门有专人管理，早晨打开，傍晚关闭，仿佛一座坚固的小城堡。四个厅门边各有一个池塘，村中有连通的水槽坑，从上游夏家溪里接水进村中池塘，既可保障村民日常用水，灌溉附近粮田，又可用于紧急防火。传说遇到大旱年份，溪中缺水，村民们就到陛洞求雨，甚灵验。

大夫第

大夫第在长林村中邵氏祠堂的左侧。

传说在元末明初的时候，邵氏族人邵为益上学不多，但却极有见识，以做大米买卖为营生，家境比较殷实。有一年，朱元璋的部队路过严州境内，与元朝官军作战相持不下，时间一久，朱元璋部队的粮食供应就跟不上了。邵为益在押运一船大米去卖，正好遇上了朱元璋的军队，邵为益见状，知道事情不大好办，商人遇到兵，生意是做不成了，他思量再三，猜度义军可能获胜，将来会夺取天下。想到此，他就灵机一动，干脆做个顺水人情，主动把船上的大米全部送给了朱元璋的官兵，解决他们的燃眉之急。后来，果不出所料，朱元璋的军队打败了元军，建立了明朝。有一天，当了皇帝的朱元璋忽然想起在严州境内部队最困难的时候得到邵为益捐助大米的事，就下旨把邵为益接到了京城，准备给他封官。邵为益一个人私下嘀咕，自己读书少，文化不高，恐怕当不好官，当大官虽说荣耀，不适合却是受罪。于是，他向朱元璋恳切推辞，表明自己的心迹，甘愿回老家继续做生意。朱元璋见邵为益大官不做，不仅不为难他，反而觉得这人实在，不贪慕官位，更加敬重他。朱元璋认为邵为益有功于朝廷，官可以不做，但封赏不能少，就封他为大夫，下旨让地方政府为邵为益在老家长林口村修建大夫第，以褒奖其当年对明军的贡献。

虽然是传说，却透露出邵为益那令人乐道的明智与人格。

钱库庙

钱库庙，在长林村底旺源。

民国《寿昌县志·秩祀志》载："钱库庙，在县西八都底旺源。相传供有活佛，极灵验。清嘉庆年间建，旱年祷雨辄灵应。道光十五年，龙游乡民迎祷立验，因留之而肖其像，五往迎，莫辨，讼于官，夜梦佛语，告以右耳有蛛丝者即真像，其灵验类如此。"

可以参照佐证的是，长林口有座底旺桥，民国《寿昌县志·山川》载："底旺桥，在县西长林口。"

传说当年钱库庙有活佛，百姓祈雨灵验。龙游人得知后，也来把佛像请去现场祈雨，果然灵验，便欲把佛像留存龙游，请匠人照原样另外又做了四座佛像。长林人带信催了几次，都不见龙游人把佛像送回来，便派人去抬。到现场一看傻了眼，面对五座一模一样的佛像，不知道哪一座是真的。龙游人也暗自得意，觉得有机会把佛像留在本地了，便很客气地招待客人，留他们住一个晚上，明天再挑选一座抬回去就是了。这天夜晚，长林的人梦见活佛告诉他，明天挑选的时候，只要选右耳根下有蛛丝的佛像即可。第二天，长林人悄悄到现场察看，果然五座佛像中有一座佛像右耳根下有蛛丝印记。就这样，活佛的原像又回到了长林钱库庙。

永佑寺

永佑寺。原为永佑庵，在长林村东。

民国《寿昌县志·秩祀志》载："永佑庵，在县西八都长林口。"

当年，在煤山垄脚的水竹篷有一座永佑庵，断断续续维持了400多年的历史，但香火并不旺盛。后有相地先生路过，说水竹篷有虎形地貌，离永佑庵太近，影响风水。因此，在嘉庆年间，永佑庵被迁移到长林口村东边，并改名为经堂庙。

据《永佑寺碑》记载，永佑寺是为纪念长林口邵氏家族先祖邵仁祥的："南宋初年邵氏由寿昌城西八里渔梁迁居长林。其后裔建永佑寺，内供乌龙王。""长林永佑寺，始建于元朝延佑年间，原地址在水竹篷东坞岗。嘉庆年迁址樱珠畈，改称经堂庙。"

永佑寺旁新建一座仿古之亭，曰"迎香亭"。

2018年恢复原名称永佑寺，同年浙江省民宗局批准永佑寺为民众信仰活动场所。

长林叶良金民居

叶良金民居位于长林村长林口自然村中心路3号，据户主介绍，该建筑为其曾祖所购，清中期建筑。

该建筑始建于清中期，后因居住人数增加，于民国时期在建筑东西两侧加建附屋院落。建筑坐北朝南，占地面积536.61平方米，格局保存完整，三进院落，由门楼、第二进主楼、第三进主楼、四个厢房及东侧两座三合院式附屋院落组成。建筑为传统二层砖木结构，硬山顶，石库门，面阔三间，门楼进深三柱二间五檩，第二进主楼进深四柱三间七檩，第三进主楼进深五柱四间七檩，两侧附屋院落为三合院式，二层砖木结构。建筑内部装修精细，牛腿雕刻花卉、人物故事、狮子等题材，骑门梁上刻有鲤跃龙门，雀替雕刻精细生动，天井以青石板铺砌。

该建筑是浙西山区现存的规模最大的古建筑之一，结构完整、布局合理、雕刻精美，包含了丰富的乡土历史信息和文化内涵，对研究建德市境内院落聚居建筑群落的形态与功能具有重要参考价值。

2013年10月，叶良金民居被编入《杭州古民居》一书。

廖银强、廖国兵民居

廖银强、廖国兵民居位于长林村101号。长林村由长林口、后童合并而成，《建德地名志》载："长林口村因境内有一条10里长的山源，林木茂盛，称长林源，村在其出口处，故名长林口。"建德廖姓始于清代，从福建等地迁入。建德廖姓以大同镇辖区为集聚地，分别从福建和苏北迁入。

据户主介绍，建筑为其曾祖所购，可推测该民居有150余年历史，为清中后期建筑。建筑坐北朝南，占地面积366平方米，格局完整，三进院落，东侧还有一个侧屋院落。建筑为二层传统砖木结构，硬山双坡屋面，石库门，面阔三间，前厅进深三柱两间五檩，第二进主楼进深四柱三间七檩，第三进主楼进深四柱三间五檩，侧屋院落为三合院式二层砖木结构。建筑内部装饰较好，牛腿雕刻凤凰、狮子、人物故事等，骑门梁上刻有鹿、麒麟，雀替雕刻精细，冬瓜梁、三架梁上均有老鼠皮装饰。

2012年全面修缮，工程总投资29.29万元。2017年3月，建德市文化广电新闻出版局将其编入《留住乡愁》一书。

太保庙

太保庙在三溪村坊中间。

民国《寿昌县志》载："太保庙，在县西八都三溪。"太保庙所在地的自然村因庙而名。此地乃三溪村中心，所以也称中央片，曾经是三溪村委会驻地。

据说，三溪村名是后来由山坑演变而来的，早先这里就叫太保庙。公路开通后，从新安江或寿昌都有班车通到这里为终点站，站名就叫太保庙。

太保庙缘何而建，建于何时，现未查找到确凿的资料，当地老人也说不清楚。

年纪大的老人都还记得，太保庙很大，里面供奉着两位大神，一位叫陈太保，一位叫李太保，另外还有十八罗汉，一百多尊大小菩萨。至于陈太保和李太保是何许人也，村里人也说不清楚。三溪村有正月十五闹花灯的习俗。每到正月十五，村里人把各自藏在家里的花灯拿出来，在太保庙前集合；大家在"龙头"的带领下，先在村里闹，然后闹到外村，比如，邻近的管村桥，闹到了后半夜才回到村里，每个人又各自带着花灯回家去。

三溪至德堂

三溪至德堂位于李家镇三溪村下三溪自然村。

《建德地名志》载："三溪原名山坑，因方言里三和山同音，坑也叫溪，故山坑遂写作三溪。"至德堂为吴氏家族宗祠。

据祠内《重修碑记》和《吴氏族谱》记载，三溪吴氏，自南宋建炎丁未年（1127）由唐监察御史少徽公裔孙自安徽休宁凤凰山迁遂安栖梧（今属淳安县），明洪武元年（1368）明四公由遂安栖梧迁至寿昌三溪，迄今已有六百余年，现为建德吴姓主要聚居地之一。

吴氏宗祠至德堂始建于清乾隆二十四年（1759），民国二十三年（1934）重修，其后多次修缮。

至德堂坐西北朝东南，占地面积299平方米，原花厅、牌坊于"文化大革命"期间被拆毁，现仅存二进。整座建筑为传统砖木混合结构，硬山双坡屋面，五花山墙，面阔三间，第一进进深四柱三间九檩，五架抬梁带前后双步；第二进为二层，进深四柱三间七檩。建筑内部用材粗大，空间高大，内部装饰保存完好，牛腿雕刻金鸡、凤凰，雀替雕蔓草纹，整体建筑显得质朴，艺术性较强，具有一定的研究、保存价值。

2010年全面修缮，工程总投资31.8万元。同年5月21日，公布为建德市市级文物保护单位。

百箩坪古道

百箩坪古道位于沙墩头村白银珠。

古道从白银珠自然村起始，经蚂蟥坞至千里岗岗顶平地百箩坪，下行达淳安县里商村，全长10千米，其中白银珠段为5千米，是旧时寿昌县与淳安县之间的一条重要交通要道。古道东西走向为主，宽0.8~1.2米，路面以土路为主，局部铺砌石块。山顶路边上有用山石垒砌成的拱形凉亭，形似窑洞，故称之石凉亭，是旧时寿昌县与淳安县的分界处。

百箩坪古道修建于何时，目前尚未查找到确切的记载，据推测，可能与寿昌县的前身——新昌县县治在劳村花园坪的时代背景有关。今石凉亭仍在，古道已缺断，泥石陷坑。现在往来此道经商走亲的人不多，倒是常有驴友前来探险赏景。

百箩坪石凉亭

百箩坪石凉亭在百箩坪上，故名。

《寿昌县志》载："石凉亭一在四灵区，九都一辽岭背，过此为淳安界。一在八、九都，与淳、遂划界处。"

百箩坪石凉亭就处在旧时寿昌县与淳安、遂安的交界处。整座凉亭全部由石块砌筑而成，凉亭依山岩而建，呈拱形，形似窑洞，厅内放置着平整的大块石块以供路人休憩之用。凉亭西北即为淳安界，站在山尖可以俯瞰千岛湖的景色。设置在百箩坪古道边的石凉亭为淳安、建德两县分界的标志性建筑，为我们了解旧时淳安、建德、衢州三地经济往来、文化交流、交通地理提供了宝贵的历史佐证。

李都官祠

李都官祠，又称唐贤灵祐王祠、梨山古寺、梨山庙、金堂庙，现为李频纪念馆，在龙桥村石门堂。

梨山古寺

光绪《严州府志·庙祠》载："李都官祠，在县西魏驮山。神名频，邑人，仕唐为建州刺史。卒而降灵其土，建人立庙于梨山以祀之。累封至灵显忠惠孚应佑德王，今本邑魏驮山及觉泉寺皆有神祠，数著灵迹。而其在魏驮者号唐贤灵祐王祠，乡人至今奉祀。"

民国《寿昌县志·秩祀志》载："李都官祠，在县西魏驮山，神名频，县西长汀源人，仕至建州刺史，卒而降灵其土，建人立庙梨山以祀之。累封灵显忠惠孚应佑德王。今魏驮山及觉泉寺皆有祠，而在魏驮者，号唐贤佑王祠，乡人至今奉祀。王阮亭《池北偶谈》：'唐诗人李频，字德新，睦州人，名列《唐书·文艺传》。'《才调集》所载'中流欲暮是湘烟'，其作也。懿宗时为建州刺史，卒，见神梨岳，郡人祠祀之。宋绍兴中封灵显忠惠公，后加灵佑善应王，再加广济王，又加福佑威济信顺王。明洪武初改建州刺史之神，载在祀典，宋真文忠公序其诗，今所传《梨岳集》也。诗人殁而为神，未有如频之昭昭者。"

2011年经批准登记，由石门堂、金堂庙李氏后人自发筹建。纪念馆占地2000平方米，建筑面积800平方米，设前、后厅。前厅立李频塑像、李频生平碑、李频诗碑和《梨山古寺碑》。后厅为梨山古寺，当地人亦称李频庙。馆内主联为："乾坤罕有山峦入册四腾物；世界绝无刺史封王三显灵。"距纪念馆200米处有李频墓。

李频纪念馆被编入2015年12月出版的《建德市地名志》的"人物纪念地"。

太祖庙

太祖庙在龙桥村石门堂水口上。

民国《寿昌县志·秩祀志》载："太祖庙，一在县西八都小溪源；一在九都一上桐桥。"我们这里讲的是龙桥村的太祖庙。

早先，这地方还是一座路边小庙，当地人称"五神庙"，里面到底供奉的是哪五个神，现在的老人都说不清楚了。

传说，当年朱元璋带兵去攻打衢州，路过这里的时候，天忽然下了大雨，朱元璋等人就下马到小庙里避雨。说也奇怪，朱元璋到里面只休息了片刻，外面就雨过天晴了，朱元璋立刻又上马，带领军队出发。朱元璋打下天下，建立明朝后，这里的人想起朱元璋曾经在这里面避过雨,现在当上皇帝了,这是一件值得纪念的事。于是,就把"五神庙"改称太祖庙,并筹资进行扩建。据老辈人回忆,庙堂上供奉着十个菩萨,其中有一尊是关公,其他的叫不上名字。

塘山寺

塘山寺,旧称塘山庵、塘山古寺,在李家村曙光自然村西南塘山上。

民国《寿昌县志·山川》载:"塘山,在县西四十里九都二。山高数百仞,周围数十里,上有塘山庵。"

民国《寿昌县志·秩祀志》载:"塘山古寺,古称塘山庵,在县西九都二。"

塘山寺始建于唐代,后多次倒塌毁废,多次重修。1991年由村民自发重修,1997年1月登记核准为佛教活动固定场所,2015年12月被列为《建德市地名志》的"宗教纪念地"。寺内设有大雄宝殿、天王殿、药师殿、地藏王殿等。占地6670平方米,建筑面积700平方米。

麟山庙

麟山庙又称麟山殿,在李家村大塘里自然村。

民国《寿昌县志·秩祀志》载:"麟山庙,在县西九都二大塘庄。"

麟山庙因在麟山南麓,故名。庙建于何时已无法考证。20世纪60年代是当地的文化娱乐场所,在庙里演戏、放电影,后来,村民将庙里一应杂物全部清理出场,一分为三,作为曙光大队第四、五、六生产队的仓库,堆放粮食、农具等。农村分田到户实行生产责任制后,作为公用仓库的麟山庙屋无人管理修缮,风吹雨淋,越来越老旧破败,到20世纪末彻底倒塌。

现在,麟山庙只留下遗址,附近的村民在上面种些蔬菜等。

叶义问宅

叶义问宅在李家村西塘蓬。

光绪《严州府志·古迹》载:"叶义问宅,在(寿昌)县西四灵山。"

民国《寿昌县志·古迹》载:"宋新安郡侯叶义问宅,在县西四灵山。"

民国《寿昌县志·疆域》载:"有四山拱揖相向,一曰龙、二曰凤、三曰龟、四曰麟,其形惟肖。宋叶义问隐居其下,遗址犹存,至今称相府四灵山。"

据《叶氏宗谱》记述及当地老者言传,此山古称九猴拜相,细观其形倒也惟妙惟肖。叶义问出世、仕宦、归途,说是长眠于此山麓,后人才改称四灵山,因此人们也就直呼相府四灵山了。

百步金街

百步金街也称百步金阶,在今李家村西塘蓬东边。

清光绪《寿昌县志》载:"百步金街在县西四十里,九都二叶村下首,相传昔时叶朱明出入之处。"

叶义问为叶氏第五十二世孙,上溯五世祖仲景回迁寿昌县九都富峰社堪。社堪当时有一条东西走向、清一色用鹅卵石砌成的石阶通道,后人称之为百步金街。百步金街实为百步金阶,由西向东成斜坡形,石为金,坡为阶,也就是一级一级的石阶之路。至今尚有留下来的鹅卵石铺设的零星路段。

徐氏宗祠

徐氏宗祠位于李家村前山排自然村西塘蓬。

现在的李家村由前山排、曙光、李家三个村合并而来。《建德地名志》载:"前山排村因龙山前有一排小丘而得名。"散居建德的徐姓,多属宋至清代从淳安东严徐村迁入,先祖于周代居住徐州。根据建筑风格结合徐氏族人口碑判断,西塘蓬徐氏宗祠为清后

徐氏祠堂

期建筑。该宗祠最先是为纪念叶义问所建，为叶姓族人的宗祠，后叶姓式微，由徐氏购得，现为徐氏族人的宗祠。建筑坐东南朝西北，占地195.3平方米，格局保存完整，共二进，传统砖木结构，硬山双坡屋面，五花山墙，八字门，面阔三间，第一进进深三柱两间五檩，五架抬梁带前单步；第二进进深四柱三间八檩，五架抬梁带前后单步。建筑内部装饰较好，牛腿雕刻粗犷，雀替雕刻生动。

2011年全面修缮，工程总投资20.15万元。

兴前桥

兴前桥，位于李家村前山排自然村下前山北。

据当地村民介绍，该桥为民国时期所建。桥呈南北向横跨于村中小溪上，为单孔石拱桥。平面呈矩形，全长5米，桥面宽2米，桥高3.1米。拱券为纵联砌筑，矢高2.6米，净跨4米。南北落坡略呈喇叭状，南侧落坡有平台，平台东西两侧各有台阶三级，西南通李家、长林，北通诸家。桥北侧岸边有兴前亭。

兴前桥及桥边古亭至今保存完好。

舒氏祠堂

舒氏祠堂在新联村舒家村坊中间。

祠堂坐东朝西，据说祠堂并侧曾经有一棵高大的古柏树，被称为是舒家船形上的桅杆，可惜后来被砍掉了。1955年，祠堂被大冰雹毁坏，当年重修过。有《舒氏宗谱》保存较好。

后来，村里开展文化礼堂建设，舒氏祠堂被改造为村文化大祠堂，现在成为村民的文化活动中心。

遥岭古道

遥岭古道位于新桥村遥岭坑西北遥岭山坡上。

《寿昌县志》载："遥岭在县西北五十里，极高峻，北接淳安县境，为商文毅公故里，府志作辽岭。"

清乾隆《严州府志》载："遥岭乃淳寿两邑限隔之地，悬岩绝壁，无路可通。明成化年间（1465—1487），知府朱皑、通判刘水宽命工修砌，遂成坦途，其不可雕凿者，悉为桥以济之，行旅多赖焉。"

遥岭古道由上新桥村遥岭坑通往淳安县里商乡郎家村，是古时寿昌县至淳安县的又一条古道。古道顺山势而上，就地取材以条石砌成路面，是保存较好的一条古道。古道全长15千米，其中岭道7.5千米，建德境内约3.5千米，最高处海拔约720米。古道蜿蜒曲折，缓坡处3米形成一个台阶，陡坡处台阶紧凑，路面宽1.2米左右，山峦环抱，风景秀丽。地处两县交汇处的遥岭古道原为建德李家镇新桥村通往淳安里商镇郎家村的主要干道，虽然现在已经修起了公路，但是西岭村、新桥遥岭坑村等古道周围的村民依然是走古道往来。

遥岭古道完好保存，遥岭头上的石凉亭（狗洞凉亭）为两县分界的标志性建筑，为我们了解旧时建德与淳安两地经济往来、文化交流、交通地理提供了宝贵的历史佐证。

遥岭古道上的凉亭

遥岭古道因岭高路长，原先途中建有六座凉亭供人歇息，其中在岭南建德境内的有三座。

民国《寿昌县志》载："下岭亭，在四灵区九都一辽岭脚。冷水亭，在四灵区九都一辽岭半腰。石凉亭，一在四灵区九都一辽岭背，过此为淳安界；一在八九都，与淳、遂划界处。"

由于时间久远和历史推移，如今建德境内的三座凉亭有所变化。2015年，有行善者做公益，将遥岭古道上的凉亭重新布局，整修一新。

重修后仍然是三座凉亭，只是位于岭脚的第一亭"下岭亭"由于常年失修，现已坍塌，只剩下遗址。

沿古道拾级而上是第二亭"冷水亭"。民国《寿昌县志·建置志》载："冷水亭，在四灵区九都一辽岭半腰。"现在已经重新建造，仍在遥岭半腰的原址保持原状，单开门，两边浇铸起水泥柱子，墙体还是由块石筑成。亭子屋顶横檩上有"遥岭冷水凉亭，2015年孟夏月重建""三亭同建"字样。方形水泥柱上有一首《冷水凉亭》诗："昔人选址造凉亭，行善公益家道兴。近山远岫飞翠色，白云高洁易成形。声声鸟韵天然曲，潺潺涌泉似弹琴。幽人闲眺吟诗句，古迹相传留芳名。"另外几处还有"得山水清气，极天地大观""从善事业继有人，万象追宗白云间"等字样。冷水亭因下边有一股清泉，四季不竭，夏日饮之甘而次，故得名。

再往上走一段到中亭，据当地老人说，以前这里是有凉亭的，但毁坏坍塌得早，现在又重新建造起来了。

到达遥岭岗上，也就是第三亭"石凉亭"（也称辽岭亭）的所在地，该亭为建德与淳安两县的分界点。

听说，石凉亭初建时原长6米，高4米，穹顶高4米，形似狗洞，遥岭古道从凉亭中间通过，故俗称"狗洞凉亭"。后来，"狗洞凉亭"因故被掀了顶，至今古道两旁还留下方石砌成的亭基，上面长了青苔。"狗洞凉亭"被掀了顶后，往来行人便没有了躲风避雨的地方，为此，有行善之人就在原"狗洞凉亭"的东北角上用山石垒起一座石凉亭，供往来行人歇脚休息。2015年重建时，就是将这座石凉亭进行改造更新的，形状大致与冷水亭、中亭相似，单开门，背依山岩，有新浇铸的水泥柱子支撑框架，墙体由块石砌筑，檩条上写着"公元2015年重建""遥岭岭岗凉亭，2015年孟秋月重建"等字样。据说，重建遥岭头石凉亭的志愿者为长林曾珍寿。

天子坟

天子坟，在新桥村东北面龙盘坞山坡上。

1984年编制的《建德县地名志》载："天子坟村8户，27人。民间传说，明正德年间，有一姓叶的人率领农民起义，人称'天子'，正德十六年死后葬于此，遂名其墓曰'天子坟'。村以此得名。"

明朝正德年间，新桥村有一位姓叶的人揭竿而起，率领农民起义。为了聚集人力，扩大影响力，组织发动更多的人参与到队伍里来，便请了一个风水先生配合，自称是"正命天子"，组织农民打出旗帜，公开与朝廷作对。起义失败后，姓叶的人被杀，葬于村后山坡上，当地人称"天子坟"。

天子坟曾经被盗墓贼偷盗过，现在只留下一块石碑（175×85×16），但因时间久远，字迹漫漶，落款处有"大明政德十六年"等字样。

石狮口八角亭

石狮口八角亭在诸家村西头与新桥村交界处。

民国《寿昌县志·建置志》载："八角亭，在四灵区九都二傅村动山脚。"

石狮口八角亭为一座双通凉亭，南北走向，为新桥村通往诸家村大道上的一座凉亭。该亭中间直立四根柱子，为重檐屋顶，第一层为四坡顶，第二层为双坡顶，建筑面阔两柱一间，进深两柱一间，穿斗式梁架。根据建筑风格判断，为清末时期的建筑。据诸家村民介绍，该亭在2004年重新修缮。

洞山庵

洞山庵在诸家村北，今已不存。

光绪《严州府志·庙祠》载："洞山庵，在（寿昌）县西九都北。"

洞山庵在清康熙年间修缮过，从清代岁贡生毛可威《洞山庵修竣》诗可以想见当时的场景：

> 谷口莺啼二月春，招提色相境初新。
> 静看石空栖僧好，细数岩头凿佛匀。
> 欹榻似闻山鸟唤，敲枰恐骇洞龙驯。
> 凡情未了尘缘重，莫非金身丈六人。

龙潭寺

龙潭寺又称旺山大王庙、灵贶庙、龙山庙、旺山庙、旺山殿等，在李家村前山排东边四灵乡水口边。

光绪《严州府志·庙祠》载："灵贶庙，在（寿昌）县西九都，旧名旺山大王庙。相传方腊作乱，遣童猛将攻县，欲焚神庙，会官军至，贼见兵甲蔽山，遂遁。水旱祷之辄应，事闻诏锡今额。及叶枢密行军过此，梦神曰必助国讨贼，已而果胜，列其功封威济侯。"

民国《寿昌县志·秩祀志》载，灵贶庙在县西九都，旧名旺山大王庙。宋建炎二年（1128），乡民叶芦等状其灵应，谓方腊作乱时，寇党欲火神庙，巫言神怒贼必灭。会官军至数不踰千，而贼见甲兵遍野。遂州上其事，诏赐今额。及叶枢密行军过此，神见梦曰："必助国讨贼。"已而，果胜。再上其功，封"威济侯"。

民国《寿昌县志·秩祀志》载："龙山庙，在县西九都二前山牌。"又载："龙潭寺，在县西九都二。"

《傅氏家谱》载："龙山之麓有禅院焉，曰龙潭寺，俗名旺山庙。宋敕曰灵贶，背依巉岩，面临大溪。"

明代商辂作《富峰八景诗·旺山钟声》：

钟声隐隐海鲸鸣，唤醒尘迷一梦惊。
从此士民勤职业，鸡豚社酒庆丰盈。

每年七月初七，龙潭寺庙会，周边的一些信徒会赶来还福。庙会持续时间很长，解放初期还兴旺过，有一年庙会演戏十天十夜，煞是热闹。

大炼钢时，寺被拆除。后来，因"八三"洪水冲毁堤坝，寺前公路修建改道，使庙基数次往山脚下收缩，龙洞本来在寺后的，现在已经在寺前了。

改革开放后，当地的一些热心人组织筹建龙潭寺，先后共建造了九间房屋，其中三间平房、三间两层楼、三间三层楼。因未得到上级有关部门的合法批文，龙潭寺对外称呼为"李家老年活动室"。

第六章　红色文化

　　李家镇，这是一片被革命烈士鲜血染红的土地。在建德市民政局2021年编写的《建德烈士英名录》中，从土地革命战争开始，在册的建德市革命烈士275位，李家镇就有余大斌等12名之多，还不包括一些活着的英雄以及在社会主义建设中的平民英雄。本章以若干板块式内容，展现李家镇近百年红色革命文化历史的画卷及赓续传承。"血雨腥风"重点回忆土地革命战争时期，寿西千里岗红军在李家创立游击根据地可歌可泣、英勇悲壮的故事，是李家红色文化的根脉，是李家的骄傲，值得大书特书；"拂晓霞光"是以亲历者的视角叙述寿昌县解放前夕发生在李家的一场战斗；"保家卫

余大斌墓

国"讲述的是新中国成立初抗美援朝战争,在著名的上甘岭战役中李家儿女的英雄故事;"火红年代"主要记述了在社会主义建设中涌现出的党的好女儿王根凤、三八平洞铁姑娘们的平民英雄事迹。

第一节　血雨腥风

1936年8月—1937年2月,在不到半年的时间里,一支红军游击队在李家北坑源、西坑源、大坑源寿西千里岗一带开辟根据地,发动群众打土豪,伏击敌保安队,搅得皖浙赣国民党剿总不得安宁。中国轰轰烈烈的土地革命战争在此也上演了血雨腥风的一幕,激烈悲壮。

寿西千里岗红军
——兼述余大斌烈士事迹

1936年4月,在皖浙赣边区坚持斗争的各路红军在皖赣交界的公山会合。闽浙赣省委针对新的形势立即召开了省委扩大会议,决定将闽浙赣省委改称为皖浙赣省委,统一领导皖浙赣地区的游击战争,将活动地区划分为开(化)婺(源)休(宁)等5个特委,特委下设中心县委,中心县委配备游击大队或游击队。1936年8月13日,中共开婺休特委改称浙皖特委。不久,特委在开化县舜山召开的地方干部会议上,决定按照省委制订的"在根据地开展游击战争"的方针,组织衢(县)、遂(安)、寿(昌)、开(化)、常(山)边区工作团和游击队到五县交界的千里岗山区开展游击战争,建立新区。会后,原开化县委书记严忠良和朱学鑫、柴老三、王文开、凹鼻头(丁队长)率领一支90余人装备60余支枪的红军游击队来到千里岗山区开展活动。不久,中共衢遂寿中心县委在遂安白马的横源田里成立。同时,寿西主要包括李家西坑源、大坑源、北坑源在内的千里岗红军游击队建立起来。

1936年9月,严忠良派朱学鑫(朱老崽)、温六崽(温寿兴)带领一支20余人有十多支枪的游击队来寿西的千里岗山区开展活动。寿西千里岗红军游击队革命斗争由此轰轰烈烈地展开。这场斗争持续时间虽然不长，但在李家镇革命历史乃至建德革命历史上都是浓墨重彩的一笔。其中余大斌、朱学鑫等烈士人物至今在李家镇都是妇孺皆知、家喻户晓的。

余大斌（1893—1937）又名大兵，原籍江西上饶县，1924年来建德县李家乡北坑源当纸槽工。1930年回江西参加方志敏领导的红军队伍，后因部队战斗失利而失散。

1936年，余大斌在辗转多年后又回到北坑源纸槽做工。这时候中共衢遂寿中心县委建立了红军游击大队，逐步开辟了包括西坑源、大坑源、北坑源在内的千里岗红军游击根据地。

千里岗地处偏僻，盛产毛竹，纸槽林立，槽工众多。这些人大多来自江西，许多人原来就是红军战士，是大革命失败后来此做工隐蔽的，余大斌就是这样的槽工。当地农民则以开山种地为业，生活贫困不堪。余大斌经历过红军革命斗争的锻炼，也看准了这里可以发展群众，伺机建立革命根据地。他一边在北坑源做工，一边向当地群众宣传"红军来了打土豪，打倒土豪有饭吃"。现在真是红军的队伍来到这深坑小源，而且朱学鑫1934年也在这里做过纸槽工，对这里的人员、环境都比较熟悉，白天隐蔽山林，晚上出来活动。不久余大斌就被朱学鑫率领的红军游击队发展为游击队员，并担任朱学鑫的交通员，10月加入中国共产党。这时的余大斌非常活跃，足迹遍布西坑源、大坑源和北坑源。

到1936年11月，李家镇历史上第一个中共支部——谢家支部成立。随后仅三个多月时间，在朱学鑫、余大斌带领下，寿西地区就发展了28名党员，建立了4个党支部，活动范围已扩展到长林、石鼓、四灵（石门堂）、上马，队伍也由原来二十几人十几条枪发展成了100多人60多条枪的红军游击队。队伍慢慢壮大了，余大斌加紧了在槽工和农民中开展宣传鼓动，号召他们团结起来跟土豪劣绅做斗争。为了消除群众疑虑，朱学鑫、余大斌就带领游击队大闹上方警察署，两次出击打击了十多名土豪劣绅、恶霸地主，不仅扩大了红军游击队的影响，打击了敌人的嚣张气焰，而且为游击队筹集了不少经费。朱学鑫、余大斌同志还因为在抓捕、镇压恶霸地主土豪的斗争中让敌人吓破了胆，也让敌人恨得咬牙切齿。

红军游击队的频繁活动和革命烈火使国民党反动政府非常震惊和恐慌。虽然当时的日本帝国主义妄图吞我中华之心已经渐露狰狞，但国民党反动派仍把消灭共产党当作头等大事。浙江省国民政府出动正规军三个团和省保安队两个大队的兵力，来衢、开、常、淳、遂、寿六县各地设立据点，联线封锁。省保安队第四中队直接进驻四灵乡公所，寿西沿石鼓、石门堂、上新桥一线全被敌人兵力封锁。

面对国民党反动派的疯狂镇压，衢遂寿中心县委于1937年元旦在淳安县安阳一个灰篷里召开县委扩大会议，决定各地党组织实行"隐蔽力量，坚持地下斗争"，成立第六区委，朱学鑫任区委书记，余大斌同志担任第六区委的地下交通员，专门负责寿西革命根据地与第六区委及红军游击队的联系。县委扩大会议提出"红军游击队集中力量，寻找有利时机坚决打击'围剿'之敌"。这时朱学鑫在会上提出了利用元旦期间与敌人打一仗，压一压敌人气焰的设想，得到参会人员赞同和通过，这就是著名的"杨家口伏击战"。

1937年元旦下午3时许，红军游击大队和区游击队150多人携带轻重机枪各两挺，步枪80余支从遂安等各处汇集北坑源。朱学鑫和余大斌进行了紧张的战前准备，一个负责指挥，一个负责联络，并设计派人送假情报引诱敌人进入游击队的伏击圈。一切有序进行，战斗胜利在望。

1月2日拂晓，红军游击大队赶到杨家口埋伏下来，就等敌人上钩了。上午10点左右，战士们正在吃饭，外面报告说"敌人来了"，大家立即埋伏到一座庙后观察敌人动静。谁知道，游击队内部出了叛徒：掌管红军游击队采购物品经费的黄某兴想独吞这笔经费，早已向敌保安中队告了密。敌人有备而来，抢占了有利地形，居高临下对红军游击队疯狂射击。遭此突变，朱学鑫、余大斌带领红军战士顽强反击了两个小时后，主动撤出了阵地。战斗中，区游击队杨队长为掩护主力撤退不幸中弹牺牲。朱学鑫和余大斌率领主力翻过杨家口西山岗到北坑源的野猪坞驻营，休整三天后于1月5日经百笋坪返回遂安。"杨家口伏击战"由主动变为被动，前功尽弃。

但是，这一战仍然让敌人十分恐慌，国民党六县边区"清剿"指挥官鲁中派副司令徐图远来寿昌督战；寿昌县县长李善鋆率县自卫队到西坑源做后援，并在石门堂设立县长办公处；四灵乡公所组织了100多人的壮丁队，分成三个班，到处搜寻负伤的红军战士和共产党员，到处张贴悬赏捉拿朱学鑫和余大斌的布告。同时还实行"联村""联保"，将西、北坑源老百姓赶出家门、搬光粮食，保安队和自卫队进驻大坑源进行搜山围剿，妄图置红军于死地。

面对敌人的疯狂围剿，红军游击队仍然继续坚持斗争，遗憾的是内部有人叛变投敌，游击队伍随时处于危险的境地。1月7日，游击队丁队长派王某高下山到黄某兴家取红军用品，结果是一去不回。原来王禁不住黄的恫吓也随之叛变，并当了敌暗探。

一个月后，1937年2月10日，朱学鑫和余大斌受命从遂安五都潜回千里岗，隐蔽在北坑源的野猪坞。由于敌人封锁太严，两人几天没吃东西了，朱学鑫派余大斌下山弄点粮食。余大斌来到葛溪源方塘坞他的老东家陈某旺家里。此时陈已经参加了壮丁队，还是班长，于是陈一方面虚情假意招待余大斌吃喝，一边暗中派他的娘舅到乡公所告密。等余大斌发现不对，已被壮丁队包围，不幸被捕。

余大斌被捕后，受尽酷刑，但拒绝回答问题。狡猾的敌人就故意把叛徒王某高和余关在一起，想从余之口套出朱学鑫的藏身地点。

2月13日，敌保安队把余大斌押至石门堂后山高坪里，将他捆绑到一地主坟前。余大斌同志面对凶残的敌人，只有愤怒和憎恨，丝毫没有畏惧。最后，余大斌壮烈牺牲！他的遗体被当地群众偷埋于石门堂村后一小山包上，后来政府为永世纪念革命烈士，为余大斌修建了烈士墓，几经迁址，最后落在麒麟山下的革命烈士陵园。

1937年2月11日（正月初一），朱学鑫也在小中坑被捕，押到各地示众，2月26日被押到寿昌县城，后转送衢州保安司令部，8

月4日在衢州城外被敌人杀害。为此事，余大斌同志一度还被怀疑成叛徒。我们党本着实事求是、有错必纠的原则，经过严密细致的甄别，澄清了事情原委，还余大斌同志的清白，余大斌被列入《建德烈士英名录》。

【千里岗红军遭破坏】 由于黄顺兴、王为高、徐德古等人的叛变，千里岗红军遭到国民党当局的残酷镇压，寿西党的组织被破坏。缪家共产党员廖克俭、廖春娣和大坑源翁家的党员翁根旺、翁根有、翁根林、翁金妹、翁树根、翁冬苟等十多人先后被捕，其中廖克俭、廖春娣、翁根有、翁根旺、翁金妹、王金根等6人被敌杀害。随红军游击队一同撤往遂安的区委委员缪老崽于2月4日在九条虹被捕，后被敌杀害于淳安石门；区委委员温六崽和部队失散后，隐蔽在遂安、开化一带多年；缪家支部党员童文元、童德元、童友福和谢家支部党员曹龙川、谢文明等被迫流落江西。

一方黑色头巾

这是存放在建德市档案馆玻璃展柜中的革命文物，是一方黑色的头巾。根据展柜文字说明，它的主人就是李家镇北坑源人，名叫廖春娣。

1936年9月，受中共衢遂寿中心县委的派遣，朱学鑫带领一支20多人的红军游击队来到千里岗山区开辟寿西红军游击根据地。早已隐蔽在此的老红军余大斌和作为第一批发展的地下党员积极配合游击队对当地群众展开宣传发动工作。廖春娣积极勇敢，机灵心细，她经常戴着黑头巾，像一位回娘家或走亲戚的村妇，走村串户，侦查情报。她积极配合余大斌惩办村里的土豪恶霸，其中包括最为猖狂的胡姓两兄弟。这大长了穷人志气，灭了恶霸地主的威风，千里岗红军在不到三个月时间成立地下支部，廖春娣就是最早成立的谢家支部的主要成员。

1936年最后一天，朱学鑫、廖春娣、余大斌等举行秘密会议，精心策划，决定于1937年1月2日拂晓在杨家口设伏，杀杀敌人的嚣张气焰。为了保证战斗的顺利和稳妥，廖春娣再次戴上黑头巾进行侦查，并和余大斌共同担负起联络的重任。但最终因叛徒出卖，敌人对游击队形成了反包围圈。激战两小时后，终因敌众我寡，战斗失利。

杨家口伏击战使敌人感到极度恐慌。国民党皖浙赣边区主任刘建绪亲临衢州，主持召开四省边区主任公署会议，实行衢、开、常、淳、遂、寿六县封锁"联剿"，并在千里岗展开拉网式搜山围剿。余大斌、朱学鑫被叛徒出卖不幸被捕，押往衢州。不久后廖春娣等六位地下党员同时被抓押到衢州，是年八月，一同被敌人杀害于衢州城外。

如今，这一方黑色头巾让人睹物思人，不忘初心，共产党人为人民谋幸福、为民族谋复兴，抛头颅、洒热血的牺牲精神，在这里滋养后人，不断传扬。

第二节　拂晓霞光

《建德革命斗争大事记1919—1949》记载：（5月5日）傍晚中国人民解放军二野三兵团十一军三十三师到达大同附近，在李家龟山与一股国民党军队发生战斗，激战两时许，毙敌十多人，俘敌百余人，我方牺牲三人。

这场解放寿昌县的最后一战，让五名（前述三名有误）解放军战士倒在四灵山下，长眠于李家这片土地上。至今，他们安息于李家镇麟山烈士陵园，彭排长、陈书美副班长……有的甚至连名字也没有留下。其实，他们已经看见了胜利的曙光，但为了新民主主义革命取得彻底胜利，为了巩固胜利成果，他们仍然英勇向前，愿意为国捐躯，以鲜血和生命将李家天边的霞光染得更加鲜红、壮丽，他们的精神成为李家镇的红色基因代代相传。

李家村老干部徐华坤回忆龟山之战时说：

1949年5月5日（农历己丑年四月初八）下午3时左右，在李家邵家山（俗称龟山），中国人民解放军与国民党部队发生了一场解放寿昌的战斗，直至晚上9点多才结束。

国民党从长江天险失守后，大部败兵往南落荒而逃，企图逃往浙江温州，后至福建厦门，最终逃往台湾。其中国民党一支部队一〇八师逃至淳安里商，他们翻山越过古道遥岭，准备往金华方向败逃。中国人民解放军第二野战军九二七团从遂安到淳安石门，翻西坪岗、白银珠经西坑源杨家口一路追击国民党残兵。敌一〇八师残部刚到新桥石子口邵家山脚，我先头部队已追到舒家村出口仰山庙，得悉新桥有国民党军残部，立马回头。于是两军在邵家山激战六个小时，最终解放军拿下邵家山。激战结束，国民党一〇八师全军覆没，师长逃至劳村，知情况不妙，吞金自杀。我军五位战士在战斗中光荣牺牲，其中一位排长姓彭，一位副班长陈书美，还有曹达仁和两名无名英雄。

五位英雄原安葬在马尾山脚土名叫草包士的坟山内，后因李家镇办石粉厂，以厚礼迁葬在麒麟山马尾段的半山腰，与革命烈士余大斌共葬一处，现为李家镇麟山烈士陵园，成为李家镇爱国主义教育基地。

【倒在胜利霞光中的英雄】 黄石林，又名敬德。1923年7月出生于寿昌县四灵乡太祖庙，即今李家镇龙桥村。1949年5月，寿昌刚解放，黄石林就在本地参加人民解放军。作为西南军政军大学第三分校四中队学员，他在1950年2月8日的重庆战斗中不幸牺牲。为了解放全中国，志士勇赴战场；如今全国已解放，英雄魂归故乡！

第三节　保家卫国

"雄赳赳，气昂昂，跨过鸭绿江。保和平，为祖国，就是保家乡……"这激越昂扬的旋律大家耳熟能详，为新中国成立初期"抗美援朝"的战歌。这歌声经久不衰，是因为它包含着太多的英烈故事在里面。"打得一拳开，免得百拳来。"当年党中央为挫败美帝国主义企图将中华人民共和国新生政权扼杀在摇篮里的阴谋，果断出兵，"抗美援朝就是保家卫国"深入人心。在这场伟大的战争

第六章　红色文化

李家麟山革命烈士陵园

2019年8月7日,"探寻红军路"夏令营小红军瞻仰谢家支部旧址

中，李家这片英雄的土地没有缺席。邵银山、苏金水、崔长海、夏树奎……牺牲的、活着的，他们用鲜血和生命锻铸民族之魂……

夏树奎，建德市纪委退休老干部。原李家镇长林村人，抗美援朝老兵。1951年10月入朝参战，1952年11月"上甘岭战役"负重伤，作为六级伤残军人1954年复员回建德。

作为抗美援朝的亲历者，从2010年以来，夏树奎相继撰写了几万字的纪念抗美援朝胜利的文章，其中一篇还入编《英雄赞歌》一书存入丹东市抗美援朝纪念馆。

从他的回忆中，我们可以窥见那场战争的残酷与伟大，可以发现我们李家也有那么多"最可爱的人"！下面这篇文章就是夏树奎同志的回忆纪实。

刻骨铭心的记忆

1950年6月，朝鲜内战爆发，美国武装干涉，于7月1日侵入朝鲜，逼近我国东北并狂轰滥炸我国通往朝鲜的铁路、公路和桥梁。中国政府多次发出严正声明，谴责美帝国主义的侵略行径，同时也洞察他们的阴谋——企图以朝鲜半岛为跳板达到侵略中国之目的。所以，党中央果断做出"抗美援朝，保家卫国"的决定，派兵赴朝参战。

我十一岁成为孤儿，那年虚岁十八。虽在家务农，但全国各地响应党的号召，纷纷参军奔赴战场的热潮使我热血沸腾。记得当时建德、寿昌两县有十多万人签名反对美帝侵略朝鲜，两县报名参军的青年就有6300多人，最后批准的是1169人，我是其中的一个。那些天，妻子送丈夫、父母送儿女上前线的情景比比皆是。

1951年10月24日，我所在入朝参战的新兵师在安东（今丹东）市召开欢送入朝大会。各界代表致欢送辞后，师长在大会上说："你们今晚就要入朝了，为了防备敌军轰炸，要晚上行军，你们既是战斗队，又是运输队，每人要为前线战友背一双棉皮鞋和一件棉大衣，加上自己的行李，共70多斤，每晚要走100里路左右，你们怕不怕？"一万多人响亮地回答："不怕！"万众一心的声音真的是震耳欲聋、惊天动地。当天晚上我们就开拔了，雄赳赳气昂昂地，顺利跨过了鸭绿江。

入朝后都是每天晚上行军。有一天晚上，要翻过上下60多华里的高山，天下着大雪，我们下定决心，再累也要一鼓作气地赶到目的地。为鼓舞士气，战友们自编了顺口溜，边行军边唱着："志愿军不怕困难多，官兵团结乐呵呵，走捷径胜过四轱辘，不怕美国大炮飞机多，爬过高山强渡河……"

经过千辛万苦终于到达宿营地。我们看到的是稻田荒废，到处弹坑累累。在国内部队首长每次在上政治、军事课都教育我们，重视和朝鲜人民的亲密关系，丝毫不能损害朝鲜人民的一草一木。所以我们不敢惊动百姓，分散住在屋檐下、牛棚边。天亮了，朝鲜阿爸基、阿妈尼、阿得儿（小孩）看我们这样爱护百姓，都同我们招手，再三请我们住进屋里，我们用不熟练的朝鲜语表示"谢谢"。看到朝鲜人民饥寒交迫，我们志愿军每人每天节约二两粮食支援他们。朝鲜的百姓知道我们志愿军长期吃不到蔬菜，不少人发生"夜盲"，他们就组织群众到荒山野地采集野菜支援我们。

再后来，越走越接近前线，不断听到飞机轰炸声和大炮射击声。

此后我们向南连续走了十多天，生活越来越艰苦，一连吃了几天盐汤。有一次，炊事员夏金根在水沟洗米，捡到一个萝卜，想炒给排长吃，排长叫炊事员把萝卜切碎，烧一锅盐水萝卜汤，这就是几天来全排最好的午餐了。

在淮阳一带，12月的天气，漫山遍野白雪皑皑，河水、湖泊封冻结冰，达到零下二十多摄氏度。我们白天抢修工事，常遇敌机破坏捣乱，于是又深挖坑道，准备长期作战。晚上睡在两头空的防空洞里，第二天起来，棉皮鞋冻得要用铁镐挖出来才好穿。两个鼻孔手一摸，摸出两条冰棒来。

战事紧张，但我们还要学文化。孙指导员给我们上政治课，给我们讲"打得一拳开，免得百拳来"的道理，我们听了很受鼓舞，认识了抗美援朝，是保家卫国，是正义之战。美帝国主义要打，奉陪到底！我念过几年书，首长让我当了文化员。

入朝的第十五天，11月9日，天气越来越冷。走了80多里路，大家都感到很累。可是粮食都吃完了，连部决定每个班派两名战士到前线粮站背粮食。20里的山路积雪很厚。在十分疲劳的情况下，老班长和一个共产党员自告奋勇前去。我想，领导和党员身先士卒，我要向他们学习。于是我主动替换下老班长。这是个露天粮仓，离粮站200米处就有一道敌人的封锁线。刚接近粮仓，只听到呼呼的声音袭来，是一发炮弹落在我的身边。幸好没炸，躲过一劫。

在朝鲜战争中，美国佬利用空中优势，侦察机老在空中盘旋，我们只能在晚上行动。有一次为了打好阻击战，排长让每个班抽一名战士，白天抢挖反坦克壕。由于挖出的鲜土目标太明显，被美军侦察机发现，接着轰炸机携着炮弹突然袭来，我们三人小组猝不及防，二班的苏金水在我前面被弹片穿透胸部，三班的陆志强在我后面，也被弹片从背后穿透腹部，两人当场牺牲。这是我上战场以来第一次看到战友在我眼前倒下。这时，我们没有害怕，只有愤怒与仇恨。

我们连防守的忠贤山一带山下有一片开阔地，叫九龙里，经常有小股美军活动，我们也经常打埋伏。双方长时间对峙，经常有冷枪冷炮袭来。一次我们伏击敌人抓了两个俘虏，背回两台步话机，缴获机枪、自动步枪和卡宾枪，回来路上又抓了一个伤兵俘虏。为了防止敌人报复，连部命令一边抢修工事，一边日夜不停地打坑道，要求打出一个能容纳150人左右的坑道来。"平时多流汗，战时少流血。"在九龙里四十多天的防守中，我们未洗过脸、刷过牙，但挖好的坑道能让指战员们稍微安稳地休息几小时。

我们十二军打了一年阻击战，奉命换防，准备到后方休整。一天晚上，我们走出60多里，突然接到命令：原地待命。王副营长传达说，在谈判桌上，美方提出要我们让出五圣山120平方千米阵地的无理要求。中方谈判代表团团长黄华向党中央汇报了情况，党中央表示"寸土必争"。

五圣山海拔1051.3米，山峰高耸、地势险要，是平壤的天然屏障。而上甘岭则处于五圣山的南麓，是志愿军和北朝鲜人民军的防御战略要点，其两侧的597.9高地和537.7高地更是五圣山的门户，侧卫着整个五圣山。10月14日开始，联合国军队启动了"摊牌行动"计划，集结重兵进攻五圣山上甘岭地区，企图夺取五圣山，为后续进攻平壤和金城地区创造有利条件。此时，在上甘岭地区担任防守任务的部队是志愿军第3兵团第15军和我们的12军，由副司令员王近山、副政治委员杜义德率领。王副营长传达完上级精神后问大家："同志们，有没有决心打胜仗？"大家一齐高呼："坚决打败美帝！"

1952年10月14日凌晨3点半，"上甘岭"战斗打响。这一天里，敌人向上甘岭发射30余万发炮弹，500枚航弹，上甘岭主峰标高被削低整整两米，寸草不剩。

这场战役，十五军与敌人殊死搏斗半个多月，11月初，我们十二军三十一师奉命加入了"上甘岭"的激烈战斗。91团有位和我一起参军的崔长海同志，他和战友们一道打垮敌人无数次进攻，毙敌无数，最后阵地上只剩下他一人。交通壕打平了，隐蔽体打垮了，一袋袋沙包打破了，他就把敌人尸体拖来做临时掩体。最后有个美国兵爬上阵地，举起双手高呼胜利，崔长海用爆破筒将

20世纪80年代前后，崔长海任嘉兴市武警支队支队长、嘉兴市消防队党委书记

他打死，等增援部队赶到，巩固了阵地。

11月2日下午天刚黑下来，我们八连在敌人鼻子底下进入阵地，美军的强光探照灯横扫阵地，他们的唱片机我们都能听得清清楚楚，但他们怎么也没想到，我们就在他们的眼皮底下等着收拾他们。战斗至9日，我们将597.9高地11号阵地——最后一个敌火力点摧毁，收复了阵地。

有一天，连长王南国命我向前线阵地运送弹药。我和两个四川战友一人扛一箱手榴弹，沿着被炸平的交通壕前行。敌人两挺重机枪和数不清的炮弹封锁通道，子弹在我们前后左右噼噼啪啪像下雨似的，炮弹不时在周围爆炸，每前进一步都有生命危险。我们跳跃着踩着弹坑前进，终于把手榴弹送到前线阵地。已负伤的13班副班长高兴地说："够美国佬吃两餐了。"然后让我们赶快离开，并要我们转告王连长，他人在阵地在，敌人休想从他们手中夺去一寸阵地。

回连部后，我们一班受命接替13班阵地。于是在班长张学成带领下，我和战友罗红安带上轻机枪，挎着冲锋枪，匍匐进入阵地。敌人的装甲车在山脚下轰轰地响，一次次向我们发起进攻，都被我们用机枪和手榴弹压下去。

11月16日，我再次去运弹药时，密集的轻重机枪逼得我抬不了头，炮弹在身边爆炸，我的腹部两处不幸负伤，倒在阵地上再也站不起来。三班的战友任大全送弹药来，张班长叫他将我抱下阵地。路上任大全几次扑到我身上掩护我，他说："小夏，你放心，有我就有你。"好不容易将我抱到一块岩石下，排长见我伤势严重，马上命战友们找了两根抬杠，用油布扎成担架，营部通讯员赖孝德同志把一件棉大衣盖在我身上，和担架员一起不顾枪林弹雨送我到急救站。由于战友为我抢了时间，手术及时，终于脱离了危险。从急救站往后方送的路上，敌机又不停地狂轰滥炸，我口干舌燥又发高烧，天气又寒冷，随时都有生命危险。但一路上有战友，有部队医生和护士，还有朝鲜百姓的担架队接送。跟那些长眠在战场上的战友们相比，我是多么幸运！

上甘岭这一仗，我所在的一号坑道三四百位战友啊，只走出八个人！连里一位宣传干事在阵地前随手抓了一把土，数出32粒弹片；一面红旗上有381个弹孔，一截1米不到的树干上，嵌进了100多个弹头和弹片。

抗美援朝胜利后有一本《抗美援朝战争史》中写道："上甘岭战役中，危急时刻拉响手雷、手榴弹、爆破筒、炸药包与敌人同归于尽，舍身炸敌地堡、堵敌枪眼等，成为普遍现象。"

上甘岭战役后来被拍成了电影，我作为那场战役的亲历者，共产党员冲锋在前，人民军队誓死保家卫国、忠于人民的钢铁意志与一往无前的精神，成为我一生刻骨铭心的记忆。

【李家镇抗美援朝英雄谱】

邵银山：1927年出生于寿昌县永平区长林口（今李家镇长林村）。新中国成立后参加"土改"工作队，加入新民主主义青年团。1951年3月参加志愿军，为31师91团1营2连战士。1952年6月18日在朝鲜金城阻击战中牺牲。

郑法高：1928年4月出生于寿昌县永平区长林口（今李家镇长林村）贫苦农家。新中国成立后参加民兵组织，1951年3月参加志愿军，3月即赴朝参加抗美援朝，为志愿军31师91团1营3连战士。1952年6月21日在朝鲜金城阻击战中牺牲。

苏金水：1925年2月出生于寿昌县四灵区项山（今李家镇新联村）。初小毕业后给人放牛、当长工为生。1951年3月参加中国人民志愿军即入朝参加抗

邵银山烈士

美援朝战斗,为志愿军12军35师直属队战士。1952年6月在朝鲜上甘岭战役中牺牲。

夏春根:1927年5月出生于寿昌县四灵区舒家(今李家镇新联村)。从小靠给人放牛、当长工为生。1951年3月参加中国人民志愿军即随军赴朝参战,为志愿军12军31师91团9连战士。1952年7月在朝鲜金城战斗中牺牲。

邵福昌:1931年2月出生于寿昌县永平区马畈(今属李家镇长林村)。读过一年书,17岁开始学做木工,后以此为生。1951年3月参加中国人民志愿军即入朝参战,为12军34师101团通信连电话兵。1952年9月20日在朝鲜金化郡"六一八"阻击战中牺牲。

夏树奎:1933年7月生于寿昌县永平区(今李家长林夏家)。1951年2月入伍,同年10月24日入朝参战。1952年11月在上甘岭战役中奋勇杀敌,身负重伤。回国救治伤愈后,以六级伤残军人转业。曾任建德县农业生产资料公司经济师、副经理,建德市供销合作总社人事科长、党委委员;1988年调建德县监察局(主任科员),1993年10月在建德市纪委退休。

崔长海:1925年4月生于寿昌县永平区石鼓乡(今李家镇石鼓村)。1950年12月参军(第12军31师91团1营1连,后转6

夏树奎

连），参军前在大同区工作兼石鼓乡乡长。1951年5月入朝参战，先后参加过上甘岭战役、金城防御战、第五次战役、三大战役及数十次中小战斗！在上甘岭战役中，他带领一个战斗小组（三人）于11月5、6、7日三天先后抵御敌人三十一次反扑，以伤亡一人的代价歼敌300多人的辉煌战果获一等功、二级战斗英雄、朝鲜民主主义共和国二级国旗勋章等荣誉，并在火线代理排长一职，身负重伤，在朝鲜的战地医院医治两个月。归队后参与反登陆

朝鲜民主主义人民共和国最高人民会议颁发给崔长海的二级国旗勋章

作战修筑坑道遭遇敌机轰炸，再次身受重伤，被战友当尸体抬下战场！回国在大连、旅顺等地治疗十个月，伤愈后以伤残军人身份进入黑龙江、诸暨速成中学等处学习。1956年转业后在公安、消防系统工作，曾任嘉兴地区公安处党委委员、武警支队队长、嘉兴市消防队党委书记等职。1987年离休。

第四节 烈士模范

20世纪70年代前后，曾经被称为"烈士模范"。在那个火红的年代，朴实勤劳的李家人民响应党中央的号召，建设社会主义祖国的干劲与热情十分高涨。石鼓村"溪滩造田"运动受到时任浙江省委书记铁瑛的现场考察与表扬，李家这一片当时"九座大桥通四

方"的传扬,石鼓水库、杨家口水库相继建成,更有沙墩头出了英雄王根凤。火红的年代里,红色基因火炬般传承发扬。

一不怕苦,二不怕死的共产主义战士王根凤

1969年5月16日,《浙江日报》头版显著位置发表了《一不怕苦二不怕死的共产主义战士》长篇人物报道,它的副标题是"记贫农女社员王根凤的英雄事迹"。不到十天,1969年5月25日,《浙江日报》头版几乎用整版通栏标题发表了浙江省革命委员会《关于学习一不怕苦二不怕死的共产主义战士王根凤同志的决定》。同一版发表的还有:《中共杭州市革委会核心小组决定追认王根凤同志为中国共产党党员》、社论《无产阶级的高尚品质——再论向王根凤同志学习》。当时,在浙江大地掀起了一股学习王根凤"一不怕苦,二不怕死"精神的热潮!

王根凤事迹于1970年7月编进了由浙江人民出版社出版的浙江省小学《语文》第七册课本。

不要管我

1968年9月,建德县沙墩头大队响应号召,进行拦河造田的英勇战斗。

一天下午,女社员王根凤在工地劳动。突然,"轰隆"一声,上端泥石发生大坍方。眼看底下的社员就要遇险,在这千钧一发的危急时刻,王根凤丝毫没有顾及自身安危,她大喊一声"快跑开",

王根凤儿子吴志权说,妈妈牺牲,我3岁

第六章 红色文化

王根凤展览馆前塑像

就一个箭步猛扑过去，想把十三岁的曹根花拉出去。可是时间已经来不及了，几十方泥石劈头盖顶压了下来，把王根凤和其余几位社员全部埋进泥石里。

在场的社员一齐冲进滚滚的尘土，抢救自己的兄弟姐妹。

这时，王根凤被齐腰深的泥石埋住，上身屹立。一个社员去救她时，她手往下一指，坚定地说："不要管我！里面还有人，快去救他们！"大队干部老汪同志见王根凤呼吸急促，一把扶住她，叫大家快挖。王根凤又坚定地说："不要管我！快把里面的人救出来！"老汪激动地说："不，我们要把兄弟姐妹都救出来！"

一会儿，杨家口水库的工人同志也冲上去了。几百双手在急速地挖土，指甲破了，手指裂了，但谁也没有顾到这些。

王根凤靠在老汪身上，不时地问："里面的人救出来没有？里面的人救出来没有？"

时间过去一分钟、二分钟……女社员盛冬英救出来了，青年徐玉成救出来了，女社员邵彩娥也救出来了！

又过去三四分钟，人们终于用两齿锄小心翼翼地撬开压在王根凤腿上的一块一千多斤重的泥石，用手挖掉埋在她身上的黄土，从她腿下救出小姑娘曹根花。这时，人们才发现，王根凤的右腿已经压断了。不！这不是断腿，这是一条顶天立地的铁腿！她，就是用这条铁腿，顶住了塌下来的千斤泥石，保护了小姑娘曹根花的安全。

王根凤昏睡在担架上，嘴里还是不断地问着："里面的人都救出来没有？里面的人都救出来没有？"

王根凤听说其他人都已脱险，艰难地睁开眼睛，坚定地对社员说："你们要……关心集体！……要赶紧学，不要停……下……来！"在她生命的最后几秒钟里，她慢慢地举起双手，用尽全身力气，一个字一个字地喊出了我们时代的最强音。

三十岁的王根凤在改天换地的战斗中，为了保护姐妹的安全，光荣地献出了自己年轻的生命！

"三八平洞"那些事

"三八平洞"，1970年前后几乎红遍浙江省。它是当时长林三溪煤矿（今属李家镇）由三十三名姑娘组成的采煤掘进队，是扭转北煤南运年代妇女冲破封建旧俗、挑战男人世界创造的一个辉煌奇迹。

"三八平洞"第一任班长吴玉英，一个从农村姑娘成长为煤矿领导，担任共青团建德县委委员、县妇联委员的女子，事迹报告从区县市一路到全省燃化系统经验交流会；另一位叫翁正英，则代表全省煤炭先进工作者进京，在人民大会堂与党和国家最高领导人同

1971年庆祝国庆五十周年《杭州日报》专刊报道"三八平洞"

堂议事，一起合影。这些成为当时当地的爆炸性新闻。

1. 应运而生

1968年，"扭转北煤南运"成为浙江大地响亮的口号，"抓革命，促生产""工业学大庆"，处处要落实见行动。于是长林公社（现并入李家镇）决定向大庆学习，为了扭转北煤南运，"没有条件创造条件也要上"，于是立即成立了"长林公社夺煤大会战指挥部"，四处探寻煤矿资源。结果在管村桥、三溪发现大量烟煤石煤矿藏，长林公社煤矿就此成立。从320国道进入管村、三溪界，必经一座桥，此桥造于"文化大革命"之初，根据"东风压倒西风"之意取名"东风桥"，后来的煤矿也以此取了一个很革命的名字：东风煤矿。

东风煤矿成立后，工人就从全公社八个生产大队抽调。"妇女能顶半边天"作为最高指示时已全面贯彻，妇女与男劳力一样下田劳作也已普遍。但煤矿招工面向妇女是"新生事物"，一开始就受到社会关注。1970年年初，吴玉英、翁正英、翁兰花等女青年就被招进东风煤矿当了煤矿工人。当时她们都还不到20岁，带着兴奋与憧憬，也夹着好奇、稚气与纯真。对于她们，社会上除了叫好，也还有不少冷嘲热讽，说自从盘古开天地，哪有妇女下煤井；甚至搬出封建迷信那一套"妇女下田，没米过年"的说法，说"妇女下井，塌方冒顶"，还形容"小娘囝（土话女孩子）能挖煤，真是飞机上放鞭炮——响（想）得高"！

姑娘们当时都还年轻，听着这些议论，心里都憋着一股劲，和青壮男人们一样干活，完成任务不拖后腿。为了证明"时代不同了，男女都一样，男同志能办到的事情，女同志也能办到"，1970年7月1日，在上级领导关心和支持下，吴玉英带领三十三名姑娘成立了女子挖煤掘进队，并将她们所在的煤井取名为"三八平洞"。

一个历史名词，一段历史佳话应运而生。

2. 峥嵘岁月

"三八平洞"的建立，意味着这些平均年龄不到二十一岁的姑娘们必须独立完成井下挖煤的所有工作，不仅仅是挥镐掘煤、拉车运煤的体力活，更有巷道掘进支架安装、抡锤打炮眼、装炸药、安插导火线放炮等一系列的技术活、危险活。这些活，不只是"初生牛犊不怕虎"的事，没有一股"一不怕苦，二不怕死"的战斗精神，"三八平洞"不会有今天的传奇。

就说打炮眼吧，在坚硬的煤壁上每天要打十多个几十厘米深的炮眼，别说要抡起八磅大锤准确地砸向钢钎，就是把它举过头顶抡个圆，对这些姑娘们来说也不容易。那大锤如果掌控不当，砸在扶钎人身上，哪个部位都不是开玩笑。所以一开始，有的一天打下来才打了一个炮眼，可这炮眼还装不下两节炸药。但她们只想为妇女们争口气，咬着牙迎难而上，一边请老矿工做技术顾问，一边大胆实践，上班练，下班也练。班长吴玉英为使大家尽快学会打炮眼，她总是带头扶钎，叫姐妹们大胆抡锤猛砸。有一次一锤砸在她的手背上，伤处很快肿得像面包一样，淤血使手背铁青发紫。抡锤的见班长强忍着痛，难过地丢下大锤再也不敢打了。吴玉英笑着鼓励她："打吧，来吧，狠狠地打，多打才能熟练，熟练才不会打到人啊！"就这样，姑娘们干中学，学中干，终于人人都掌握了这门技巧，有的还练到左右开弓，像男矿工一样虎虎生风，一气打上百十下。

再说放炮吧。姑娘们有的在家里听见放鞭炮都要捂着耳朵呢。在"三八平洞"打完炮眼，要往炮眼里塞炸药，装雷管，插上导火线。这除了技术还要胆大心细。她们像学打炮眼一样，干部带头，虚心请教，大胆实践。她们利用女孩子心细手巧的优势，往往在跑眼里塞的炸药多少、轻重适度，导火线从最早到最后点燃的长度计算精准合理，所以不仅安全、准确，比男矿工们还更节约成本。

看着乌黑发亮的煤炭源源不断地从"三八平洞"运出，来之不易的胜利笑容在姑娘们脸上幸福绽开。建井第一年，"三八平洞"以每人每天出煤一吨还多的成绩超额完成当年任务，受到了上级领导的高度赞扬。

初战告捷极大地鼓舞了姑娘们的革命热情和干劲，"三八平洞"成了她们十分爱护和依恋的家。吴玉英说："从此我们忘了自己是个大姑娘，无论白天黑夜、例假与否，都奋战在'三八平洞'里。我们不谈婚嫁，不记得怎么打扮，看见黑煤就兴奋，柳条安全帽、并不合身的工作服、长筒雨靴就是我们的全部行头。"这套行头陪伴她们走过那段以"黑"为美的峥嵘岁月。

那一年，这些姑娘们最大的二十七岁，最小的十八岁，她们都爱上了"三八平洞"这个家，都害怕有一天嫁人了会失去这个"家"。

3. 风光无限

"三八平洞"建立三年后，她们稳稳地站住了脚，做出了成绩，真正撑起了东风煤矿的"半边天"！建德县广播站经常播送她们的先进事迹，《杭州日报》《浙江日报》等省市报刊也常下到她们煤井采访。建德县煤炭系统把她们当作典型大事宣传。在建德，"三八平洞"慢慢有了名气。荣誉面前，"三八平洞"的姑娘们不骄不躁。老班长吴玉英回忆说：我们当时都很纯情，没有一点投机心理，就想着多挖煤，为妇女们争口气，所以姑娘们一如既往。

首先还是拼命多出煤，完成任务。"三八平洞"既然亮了出去，三十三位姑娘就决心要为这支娘子军队伍争气。她们拧成一股绳，毫不懈怠。开始是咬着追着男子班，提前完成全年任务；后来是誓要超过男子班，从人均日产1吨煤提高到1.5吨，再提高到两吨。1974年的"百日万吨夺煤大会战"，这些"三八"战士真是成了"拼命三郎"，日夜奋战，发扬了"一不怕苦，二不怕死"的精神，一百天硬是拿下了人均三百零一吨！每人日均产煤过3吨啊！这一年提前一百零五天完成了任务。"三八平洞"名副其实，名声大震。

第二，事业心极强。由于煤层的变化，"三八平洞"从管村桥搬到了三溪，人员也将缩减。这时，社会上就议论开了："妇女挖煤，迟早要落空，还是早点收摊好。"矿内少数人也认为这帮女娃挖煤靠不长，恐怕就要下马了，还不如早点拆下支架当柴烧。一夜之间他们就把"三八平洞"的支架拆卸了23副，三八平洞面临倒塌封闭的危险。这些姑娘们又气又急，个个涨红了脸，语气坚决地说：“我们就是要争口气，把'三八平洞'办下去！"她们团结奋战，修复支架，在新的煤点上建起了新的"三八平洞"，又投入夺煤大会战的洪流之中。为了坚持办好"三八平洞"，姑娘们全都订了晚婚计划，吴海云、邵素琴，一个订婚六年，一个也订了三年多，她们把这里的事业看得很重，一再推迟婚期，邵素琴甚至主动到男方家做婆婆的工作。这在当时真是很不容易啊！

第三，工作与学文化相结合。从大坑源出来的翁正英回忆说："我们可以和男同志比挖煤，可是，会上发个言，有成绩做个总结，我们就是个睁眼瞎。""三八平洞"的姑娘们当时也看到这一点了。于是在"三八平洞"里，建了一个"三八学习室"。她们利用工间休息或交接班的等待时间，借来小学课本，找来各种报纸，在这里认字、写字，见人就问，见有字的就叽叽咕咕地读。有人嘲笑，说她们"鸡毛还想飞上天"。她们说没想上天，就想脚踏实地。在蚊帐围着的"三八学习室"里，有四人读完小学语文课本，五人学完三年级的教材，大部分扫除了文盲。吴玉英称"那是我的大学"。

"三八平洞"姑娘们朴实无华的感情，尤其是那股豪情万丈的革命干劲，得到领导和广大群众的一致赞扬，于是各种先进的头衔一年比一年多，一年比一年分量重，从代表长林公社到代表建德县。1975年，"三八平洞"的事迹红遍全浙江省，老班长吴玉英代表建德县在浙江省"染化系统工业学大庆经验交流会"上介绍经验获得好评，被拍成电影纪录片《群众办矿威力大》。从此来自四面八方到"三八平洞"参观学习的队伍络绎不绝。再后来，翁正英代表全省煤炭系统出席在北京人民大会堂召开的全国"学大庆、赶开滦"先进模范表彰大会，与党和国家最高领导人华国锋、叶剑英等合影留念……

"三八平洞"作为那个历史时期的产物，早已远去，那三十三位"三八"战士如今都已步入老年，有的也已作古，可她们的精神与事迹仍然在当地老百姓中口口相传。

第七章 诗文选粹

李家镇是个富有诗情画意和历史沉淀感的浙西美丽乡镇,是晚唐诗人李频和南宋抗金名将叶义问的故里,相传也是大明三元宰相商辂的外婆家。李频有诗192首存世,其中不乏名篇佳句。叶义问写了不少治国安邦的奏书,曾连上六篇奏文,坚决清除仿效秦桧的汤鹏举及其余孽。商辂为外婆家写了《富峰八景记》和《富峰八景诗》,为傅村晚辈傅文宝上任县丞写了正能量满满的赠文,还为石鼓邵氏写了《瑶山邵氏宗谱序》。

舒氏后人仰慕商辂的诗文,清嘉庆十三年(1808)夏,舒日鲲主持修订《富峰舒氏宗谱》,征集到《富峰八景诗》40首。其他名门望族纷纷效仿,道光四年(1824),傅元泰主持修订《西泉傅氏宗谱》,征集到"西泉十景诗"164首。光绪七年(1881),徐氏家族重修《西塘徐氏宗谱》,收集到"西塘十景诗"53首。嘉庆年间,邵宗庆主持修订《瑶山邵氏宗谱》,征集到"瑶山八景诗"32首。另外,《三溪吴氏宗谱》记载了"三溪八景诗"16首。

第一节 李家古诗选注

一、李频诗选注(9首)

据唐末寿昌进士翁洮写的传记,李频曾祖父于贞元二十年(804)卜宅长汀之胜奉母。《寿昌县志》记载长汀水发源于魏驮山,有李都官祠在魏驮山。据光绪年间"捐款碑记"记载,该祠即梨山古庙,在今沙墩头和龙桥两村交界处。李频青年时代只身到长安求学，进士及第后次年才回乡探亲，阔别家乡十六年。唐末社会动荡，他任建州刺史，近乡却不能回乡，最后客死他乡。他的乡情诗感人至深，今选9首略注，以飨读者。

及第后归

家临浙水[1]傍，岸对买臣[2]乡。纵棹[3]随归鸟，乘潮向夕阳。
苦吟身得雪[4]，甘意鬓成霜。况此年犹少[5]，酬知足自强[6]。

【注】

1. 浙水：钱塘江古称"浙水"。这句点明自己出身名川。傍，同"旁"。
2. 买臣：朱买臣。朱买臣的故事是一个传奇励志故事。这句点明家乡名人。
3. 纵棹：乘潮水上涨时，不用划桨，放任船前行，表达了作者轻松愉快的心境。而"随归鸟"却表示回家心切。这种既轻松愉快又迫切的心情，是衣锦荣归者共有的吧。
4. 身得雪：与"鬓成霜"同义反复，又是双关语，表示"得以一雪（以往落第之耻）"。
5. 年犹少：俗话说"三十老明经，五十少进士"，何况李频当时不到四十岁。
6. 酬知足自强：足可自强不息，酬报知己（对我今后仕途的期望）。

及第后还家过岘岭[1]

魏驮山[2]前一朵花，岭西更有几千家。
石斑鱼鲊[3]香冲鼻，浅水沙田饭绕牙[4]。

【注】

1. 岘岭："岘"音xiàn。今作"砚岭"。《寿昌县志》："岘岭，在县西二十里。《广舆记》：'李频及第，挈妻归，过岘岭。妻见其险，有倦容。频作诗戏之。'"
2. 魏驮山：交溪源头山，千里岗一支。李频曾祖父卜居于魏驮山。"魏驮"与"韦陀"谐音，相距不远的大同镇江头村有"弥陀山"。韦陀为菩萨，弥陀为佛。
3. 鲊：音zhǎ，腌制的鱼。

4.饭绕牙：饭之香缠绕于齿牙之间。犹韩娥之歌"余音绕梁，三日不绝"。

春日思归

春情[1]不断若连环[2]，一夕思归鬓欲斑。
壮志未酬三尺剑[3]，故乡空隔万重山。
音书断绝干戈[4]后，亲友相逢梦寐间。
却羡浮云与飞鸟，因风吹去又吹还。

【注】

1.春情：春日乡情。

2.连环：连串之环。

3.三尺剑：《史记·高祖本纪》："吾以布衣提三尺剑取天下。"

4.干戈：喻唐末农民起义及藩镇之间的战争。

湘口[1]送友人[2]

中流欲暮见湘烟，苇岸无穷接楚田。
去雁远冲云梦[3]雪，离人独上洞庭船。
风波尽日依山转，星汉通宵向水连。
零落梅花过残腊，故园归醉及新年。

【注】

1.湘口：湘江流进洞庭湖的湖口，又称湖口。

2.有人认为这首诗写于开成四年（839）李频携喻坦之同往长安投姚合，中途送喻坦之返乡时。但从诗中的时间（秋冬之际）和李频到达长安的时间（初秋）看，完全对不上。

3.云梦：古荆州大泽名。

题钓台障子

君家[1]尽是我家山，严子前台枕古湾。
却把钓竿终不可，几时入海得鱼[2]还。

【注】

1.君家：指好友方干之家。

2.入海得鱼：喻有大志。《庄子·外物》："任公子为大钩巨缁……"

自遣
永拟东归把钓丝，将行忽起半心疑。
青云道是不平地，还有平人上得时。

之任建安渌溪亭偶作二首
入境当春务，农蚕事正殷。逢溪难饮马，度岭更劳人。
想取烝黎泰，无过赋敛均[1]。不知成政后，谁是得为邻[2]。

维舟绿溪岸，绕郡白云峰。将幕连山起，人家向水重。
短才无独见，长策未相逢。所幸分尧理，烝民悉可封[3]。

【注】
1.想取烝黎泰，无过赋敛均：提出了治理建州的经济之策——赋敛均。
2.不知成政后，谁是得为邻：经过施仁政重礼教的政策，人民过上安泰的生活，知礼仪明廉耻，人人皆尧舜，我能跟哪个有德之人为邻？
3.所幸分尧理，烝民悉可封：值得庆幸的是，（民众）能分辨接受圣人之理，（相信将来可以达到）比户可封（的境界）。这两句提出了治理建州的礼教之策——分尧理。

寻山
一径入双崖，初疑有几家。行穷人不见，坐久日空斜。
石上生灵草，泉中落异花。终须结茅屋，向此学餐霞。

春闺怨
红妆女儿窗下羞，画眉夫婿[1]陇西头。
自怨愁容长照镜，悔教征戍觅封侯。

【注】
1.画眉夫婿：汉张敞儿时掷石块误伤女孩，长大为官后听说她因眉有伤疤未嫁，便娶其为妻，每日为妻画好眉才去上朝。

139

二、富峰八景诗选注（8首）

富峰八景诗
商辂

商辂，淳安里商人，常走辽岭古道到一山之隔的外婆家来玩。成化三年（1467），即商辂官复原职那一年，为富峰舒氏写了《富峰八景诗》。

三县层峦[1]
奇峦矗矗笋晴空，玉笋瑶簪[2]拔几重。
试一振衣[3]三邑小[4]，嵯峨[5]千仞古来雄。

【注】

1.三县层峦：寿昌、淳安、遂安三县交接处的山峰，可从合溪源遥望。

2.瑶簪：用来别住头发的饰物，比喻高而尖的山峰。

3.振衣：抖衣去尘，提高境界。左思《咏史诗八首》："振衣千仞冈，濯足万里流。"

4.三邑小：孔子登东山而小鲁，登泰山而小天下。杜甫《望岳》："会当凌绝顶，一览众山小。"登高打开眼界，拓宽心境。

5.嵯峨：音cuó é，山势高峻。

四灵[1]列嶂
龙凤龟麟列四灵，岗岚体势幻真形[2]。
风霜历尽浑无恙，毓秀[3]遥联锁闼青[4]。

【注】

1.四灵：即四灵山。民国《寿昌县志》：四灵山，在县西四十里九都李家村。一曰龙，二曰凤，三曰龟，四曰麟，四山拱揖相向，其形惟肖。宋叶忠简公义问居其下，遗址犹存，至今称曰"相府四灵山"。

2.幻真形：幻化出龙、凤、龟、麟的逼真形状。

3.毓秀：钟灵毓秀。

4.遥联锁闼青：（四灵山）遥相呼应，似乎要将那青青山色锁在门里。

闼：音 tà，小门。

金鸡石迹[1]

一拳[2]何事孕金鸡，羽族天成五德[3]齐。
只与人间留异迹，不同野鹜共争栖。

【注】

1.金鸡石迹：原在村东田中，已不存。石鼓村金鸡岭上有一金鸡石。

2.一拳：白居易《太湖石记》："百仞一拳，千里一瞬……"

3.五德：公鸡被称为德禽。《韩诗外传》："头戴冠者，文也；足傅距者，武也；敌在前敢斗者，勇也；见食相呼者，仁也；守时不失者，信也。"

旺山[1]钟声[2]

钟声隐隐海鲸鸣，唤醒尘迷一梦惊。
从此士民勤职业，鸡豚社酒[3]庆丰盈。

【注】

1.旺山：龙山东麓旺山寺，又称龙潭寺、灵贶庙。

2.钟声：钟声在佛教中具有断烦恼、长智慧、增福寿、脱轮回、成正觉的功效。

3.鸡豚社酒：典出陆游《游山西村》。

沙坂春耕

雨笠烟蓑趁早春，一犁沙坂效耕莘[1]。
谋生已遂田园乐，扶醉东风笑倩人。

【注】

1.效耕莘：仿效老农在杂草丛生的田中耕犁。

交溪晚钓

交溪风月乐优游，千尺丝纶[1]暗下钩。
云水[2]深处连沧溟，须教挽得六鳌头[3]。

【注】

1.千尺丝纶：千尺钓丝。《庄子·外物》："任公子为大钩巨缁……"

2.云水：偏义复词，指水。沧溟：偏义复词，指溟（海）。

3.鳌头：指皇宫大殿前石阶上刻的鳌首，考上状元的人可以踏上。

书窗雪梅

晓起书斋道气真，静观梅雪斗精神[1]。

窗明几净光相映，清兴[2]还同玉树[3]新。

【注】

1.梅雪斗精神：卢梅坡《雪梅》："梅雪争春未肯降，骚人阁笔费评章……"

2.清兴：清雅的兴致。

3.玉树：雪中梅树。

樵谷松风

松风吹动岭霞开，伐木丁丁[1]谷口来。

担束[2]一肩云路近，相逢仙侣谩部追[3]。

【注】

1.丁丁：音 zhēng zhēng，伐木声。《诗经·小雅·伐木》："伐木丁丁，鸟鸣嘤嘤。"

2.束：这里指成捆的柴。

3.谩部追：一前一后不紧不慢地跟随。

三、续"富峰八景诗"选注

三县层峦

开位

天外遥悬一角山，奇峰岌嶪[1]势难攀。

试临绝顶凭虚望，三邑还疑指顾间[2]。

【注】

1.岌嶪：音 jí yè，高峻貌。

2.指顾间：指：用手指；顾：回头看。指顾间，三县风光尽收眼底。汉班固《东都赋》："指顾倏忽，获车已实。"（获车，载禽兽等猎获物之车）

四灵列嶂
日鲲

富峰之居似盘谷，龙凤龟麟绕吾屋。
山川灵秀独攸钟，门楣[1]伊[2]古推名族。

【注】

1.门楣：古代按照建制，只有朝廷官吏所居府邸才能在正门之上标示门楣。
2.伊：文言助词，无义，如新春伊始。

金鸡石迹
刘弼

旧迹惊奇是处论，伊[1]谁好事[2]凿云根[3]。
当年已怅金鸡杳，此日犹夸石窍存。
天际烟霞笼黛色，山中雨露染苔痕。
要知造化钟灵物，不与人间报晓昏。

【注】

1.伊：发语词，无义。
2.好事：多事。
3.云根：高山云起之处。

旺山钟声
仁美

古寺远闻钟，高低杂晓舂[1]。
悠然惊梦断，余韵绕前锋。

【注】

1.晓舂：清晨舂米。杨继盛《至日早醒偶成》："觉来月照西窗白，寂寂柝声杂晓舂。"

沙坂春耕
开位

布谷啼时景候[1]新，一犁耕破垄头春。
从来识得田家趣，雨笠烟蓑[2]往返频。

【注】

1. 景候：节令；物候。
2. 雨笠烟蓑：戴着雨笠，穿着烟蓑。

交溪晚钓
刘弼

潆洄二水绕烟寰[1]，有客投钩碧柳湾。
山涧细流分欲合，花汀残片去疑还[2]。
钓丝风弄蜻蜓乱，苔岸晴戏鸥鹭闲。
为有梨山佳句[3]在，得鱼犹认石痕斑。

【注】

1. 烟寰：人烟村落。
2. 花汀残片：小洲上的落花。去疑还：随水流漂去又似乎随回流绕回。
3. 梨山佳句："石斑鱼鲊香冲鼻，浅水沙田饭绕牙。"

书窗雪梅
仁美

早起绮窗[1]开，纷纷雪压梅。
一番清景致，赏玩独徘徊。

【注】

1. 绮窗：雕刻或绘饰得很精美的窗户。王维《杂诗》："来日绮窗前，寒梅著花未？"

樵谷松风
维肃

谷口深深数牧童，樵歌声里杂松风。

疾徐不减[1]宫商[2]调，笑杀蓬头一老翁[3]。

【注】

1. 疾徐不减：不分轻重快慢。
2. 宫商：五音中的宫音与商音。泛指音乐、乐曲、音律。
3. 蓬头一老翁：作者自称。

四、西泉十景诗选注（10首）

傅氏是寿昌望族，《西泉傅氏宗谱》有"西泉十景诗"164首，今选注其中10首。

西坂春耕
傅元泰

西坂近山居，双溪[1]绕村屋。
每当杏花时，处处驱黄犊[2]。

【注】

1. 双溪：一条是发源于魏驮山的蛟溪，一条是发源于辽岭坑的新桥溪。
2. 驱黄犊：驱牛耕犁。黄犊：小黄牛，代指耕牛。

蓬岩瀑布
傅元泰

蓬岩[1]呈异境，瀑布下云端。
庐山真面目，应作如是观。

【注】

1. 蓬岩：在洞山。

南崟[1]拱秀
傅元泰

生平颇爱山，此峰恰排闼[2]。
朝朝暮暮间，时见青一抹。

【注】
1.南崟：这里指龙山。崟：音 mì。
2.排闼：对门。王安石《书湖阴先生壁》："两山排闼送青来。"

狮岭樵归
疏箟

清晨荷斧出，薄暮担薪归。所求亦易得，与世无是非。
斫树无斫节，斫节[1]见功微。取径无趋捷[2]，趋捷藤刺违[3]。
卖钱买酒米，笑语对斜晖。往来狮子岭，一生遂忘机[4]。

【注】
1.斫节：砍树木的节。
2.趋捷：走捷径。
3.藤刺违：藤刺挡道。
4.忘机：道家语，意为消除机巧之心，甘于淡泊，与世无争。

飞云南燕
翁琢

高阁年年待尔归，补巢啄泥落花肥[1]。
似嫌别后相思苦，故立南窗话夕晖。

【注】
1.落花肥：典出龚自珍《己亥杂诗》："落红不是无情物，化作春泥更护花。"

凤山雪照
傅元泰

薄暮天逾寒[1]，诗思倍清绝。
室中虚白生[2]，云是凤山雪。

【注】
1.薄暮天逾寒：典出祖咏《终南望余雪》。
2.室中虚白生：《庄子》："虚室生白，吉祥止止。"把房间腾空，就通透明亮了。比喻人静下心来，去除杂念，就能生慧明道，吉祥福祉就会降临。

龟崖春雨
傅元泰
势似神龟踞,山灵结撰工。
年年春雨里,烟景郁空蒙。

麟台叟石
疏筤
遥望麟台石,形貌若老叟。人我两相望,机械[1]浑无有。
诸峰如儿孙,罗列尽俯首。天地本无事,平生慎开口。
静镇四灵中,乾坤共永久。腹中具经纶,黄石公[2]非旧。

【注】
1. 机械:机巧,戒备。
2. 黄石公:张良在下邳桥上遇见一老父,老父授张良以《太公兵法》,并说十三年后在济北榖城山下见到的黄石就是他……

龙潭晚钟
翁培芝
龙潭隔水敲禅关[1],百八钟声暮霭间。
利锁名缰忙不了,一身输与老僧闲。

【注】
1. 禅关:禅门。

洞峰[1]石珮[2]
傅元泰
石上生苔藓,难寻旧履痕。
仙人何处去?遗珮[3]至今存。

【注】
1. 洞峰:洞山。
2. 石珮:像佩玉的巨岩。《说文解字》:"玉,石之美者。有五德……"
3. 遗珮:遗弃的玉佩。相传古代郑交甫于汉皋遇二仙女,二仙解所佩之珠

五、西塘十景诗选注（11首）

《西塘徐氏宗谱》有"西塘十景诗"53首，今选注其中11首。

题咏西塘庄
李玉楼

琬琰[1]扶舆[2]地泽匀，太和[3]鼓荡荷[4]陶甄[5]。
晨昏[6]水火[7]仁为[8]里[9]，洽比婚姻[10]德有邻[11]。
柿坂荻流田绕绿，灵峰环翠户迎春。
晓来徙倚庭前立，笑看庐山[12]面目真。

【注】

1. 琬琰：泛指美玉。

2. 扶舆：盘旋升腾貌。

3. 太和：人的精神平和，社会和睦。

4. 荷：凭借。

5. 陶甄：陶人作陶器，比喻陶冶、教化。

6. 晨昏：代指日常。

7. 水火：喻矛盾。

8. 为：治理。

9. 里：邻里。

10. 洽比婚姻：和邻居间关系处理融洽，和亲戚间关系处理得和谐。

11. 德有邻：《论语》："德不孤，必有邻。"

12. 庐山：麒麟山。

西山[1]爽气
刘国玑

庭前独立豁胸襟，山晓晴空曙色新。
谱入辋川图[2]尽好，古人应已许为邻。

【注】
1.西山：龟山，富峰。
2.辋川图：王维诗画。

庐峰积雪
舒尔鲲
密雪霏霏布杪冬[1]，庐山隐约见苍容。
几回玩赏凭虚望，绝是櫺[2]前挂玉峰。

【注】
1.杪冬：农历十二月。
2.櫺：窗棂。

柿坂春耕
李玉楼
春雨濛濛三月天，一犁耕破垄头烟。
村童颇晓田家乐，两手挥锄学垦田。

社塘晚钓
刘国玑
稳坐苔矶[1]放钓丝，风来水面日迟迟。
等闲识得临渊羡[2]，手自渔竿口自诗。

【注】
1.稳坐苔矶：古谚"任凭风浪起，稳坐钓鱼台"。
2.临渊羡：临渊羡鱼，不如退而结网。

漆坞樵歌
刘国玑
侧耳深林响远音，十年洗尽土尘心[1]。
樵人那解翻新调，时傍山隈照旧吟。

【注】

1.土尘心：凡尘心。

花厅牧笛
佚名

斜笠[1]半迎风，骑牛出雨丛。
无腔吹短笛，日暮各西东。

【注】

1.斜笠：戴斜笠的牧童。

龙潭晓钟
佚名

月落江山晓，灶烟比屋绕。
遥闻远寺钟，不觉红尘杳。

锦溪夜读
舒尔鲲

篝灯[1]危坐纸窗中，夜静萧然百虑空。
欲学古人频展卷，书声朗朗彻墙东。

【注】

1.篝灯：置灯于笼中。《宋史·陈彭年传》："彭年幼好学，母惟一子，爱之，禁其夜读书，彭年篝灯密室，不令母知。"

双桥秋月
刘国玑

错认平桥一片霜，霏微秋露著衣凉。
夜来那得明如昼，知是银蟾[1]吐玉光。

【注】

1.银蟾：月亮。传说月中有蟾蜍，故称。月宫即蟾宫。

古井清泉
佚名
古井何年凿,清泉绕齿香。
一瓢颜氏乐[1],味淡想芬芳。

【注】

1.颜氏乐:《论语》:"一箪食,一瓢饮,在陋巷,人不堪其忧,回也不改其乐……"

六、瑶山八景诗选注(8首)

清乾隆五十七年(1792),瑶山邵宗庆被选为岁贡,嘉庆十九年(1814),邵鸿勋、邵铭勋、邵三锡、邵三槐四人同时为岁贡。《瑶山邵氏宗谱》上记载了邵宗庆等《瑶山八景诗》32首。今选注其中8首。

南塘晚钓
邵宗庆
南塘鱼唯唯[1],清泉一何沘[2]。持竿垂柳中,闲钓斜阳里。
岂慕羊裘翁[3],长想任公子[4]。烟波有钓徒,心迹常如此。

【注】

1.唯唯:鱼群相随而行貌。

2.沘:音ci,清澈。

3.羊裘翁:光武帝刘秀的同学严子陵,反穿羊裘垂钓,刘秀再三请他出山被拒。

4.任公子:有雄心有才干,对社会有大贡献的人。《庄子·外物》:"任公子为大钩巨缁……"

魁阁[1]晨钟
邵宗庆
山寺钟初鸣,东方天色晓。一响散朝霞,数声惊宿鸟。
带月度村中,随风潊云表。百八[2]叩已终,余音尚缭绕。

【注】

1.魁阁：即魁星阁。在村东石钟山旁，附近有书堂。魁星是中国古代神话中主宰文运之神。

2.百八：百八钟声。即敲钟一百零八下。

石钟夜读
邵宗庆

最爱石钟山[1]，孤斋[2]依陵阜[3]。中植柳数株[4]，内开塘半亩[5]。

闭户今人居，展卷古人友。真能友古人，千载仰山斗[6]。

【注】

1.石钟山：在瑶山村东，该山有洞，洞门悬石如钟，叩之有声。

2.孤斋：应指学堂或作者自己的书斋。

3.陵阜：丘陵，即石钟山。

4.中植柳数株：学五柳先生陶渊明。

5.内开塘半亩：典出朱熹《观书有感》。

6.山斗：泰斗，比喻为世人所钦仰的人。

石桥印月
邵宗庆

石硖[1]秋夜阑，石桥[2]临突兀。轻飘两岸风，倒映一川月。

娟娟态媚人，皎皎寒侵骨。徘徊绝顶望，真欲探蟾窟[3]。

【注】

1.石硖：乌石硖。

2.石桥：村东"镇石桥"。

3.探蟾窟：探访蟾宫，即去蟾宫折桂。

瑶山樵歌
邵锦元

瑶峰耸翠接云霄，万木排空错楚翘[1]。

忽听欢声传树里，牧童遥指是刍荛[2]。

【注】

1.楚翘：典出《诗经·汉广》："翘翘错薪，言刈其楚。"原指高出杂树丛的荆树，比喻青年才俊。《汉广》是一首恋情诗，青年樵夫钟情一位美丽的姑娘，却始终难遂心愿。

2.刍荛：割草打柴的人，后多指在野之士。

马园[1]牧唱
邵宗庆

牧马散西园，野性脱羁馽[2]。骁腾道路开，歌唱儿童集。

断续震山林，悠扬度原隰[3]。白驹食场苗[4]，皎皎谁与絷？

【注】

1.马园：村西金鸡山麓的一片田园，古时以放牧牛马为主。

2.羁馽：音 jī zhí，马络头和绊马索。

3.原隰：音 yuán xí，广平与低湿之地。泛指原野。

4.场苗：《诗经·白驹》："皎皎白驹，食我场苗。絷（拴）之维之，以永今朝。"后为延揽贤才、思念贤者或友人惜别之典。

罗星春耕
邵锦元

步屧[1]罗星一望平，春来驱犊向前耕。

身衣袯襫[2]锄南亩，闲集桑阴课[3]雨晴。

【注】

1.屧：音 xiè，古代木底鞋，泛指鞋，这里指穿（木底）鞋行走。

2.袯襫：音 bó shì，古指防雨的蓑衣。

3.课：占卜。

屏峰耸翠
邵三锡

幽崖峭立倚崔巍，万木阴浓送翠来。

日出朝烟终锁住，风吹宿雾顿排开。

青松霭霭撑遥岫,绿树垂垂绕曲隈。

最爱冲寒[1]山意放,疏林高笋一枝梅。

【注】

1. 冲寒:冒着寒冷。杜甫《小至》:"岸容待腊将舒柳,山意冲寒欲放梅。"

七、三溪八景诗选注(8首)

乾隆年间,有自称宋时允吉大夫录林进士第授襄阳令的年和氏唐宣,假托自己已仙逝,魂游三溪,用居高临下的视角为《三溪吴氏宗谱》撰写了《三溪古朴序》和《三溪八景诗》,今注其诗如下:

三折[1]村烟

三折村烟[2]断复连,桑麻不辍果神仙。

凝光先吐祥云气,一阵清风散碧天。

【注】

1. 三折:三溪村有三个大弯折。
2. 村烟:村中炊烟。

修山云竹

翠竹森森带雨过,百鸰[1]向里掷金梭[2]。

村烟锁住青云客[3],画尽修竹墨未多。

【注】

1. 鸰:代指各种林鸟。
2. 掷金梭:阳光从晃动的竹叶缝隙照进来,好像掷金梭。
3. 青云客:这里指隐逸之士。

金鸡夜读

三两呷唔[1]月在天,呼童沸火竹炉[2]烹。

针工[3]问道谁家响,岭上金鸡夜读声[4]。

【注】

1.咿唔：读书声。

2.竹炉：俗称"火卤"。外壳竹编，内安小钵，可盛炭火取暖。

3.针工：针线工。对做针线陪读到半夜的爱妻的戏称。

4.金鸡夜读：将金鸡半夜鸣叫戏说成金鸡半夜读书，调侃自己半夜苦读。

太宝[1]晨钟

未了书声月半天，寒鸡忽唱五更前。

村烟晓逐钟音远，听得沙弥[2]念偈言[3]。

【注】

1.太宝：三溪村曾有一座太宝庙，自古以来是三溪子弟的学堂。自明末至清朝光绪年间，三溪出了吴廷奇、吴文耀等十一位贡生。

2.沙弥：指已受十戒，未受具足戒，年龄在七岁以上、二十岁以下的出家男子。

3.偈言：即偈（音jì）颂，佛经唱颂词。

大坂春耕

忽听柴门驱犊声，问余何故不春耕。

只因未了蚕桑事，忙唤家童又插根[1]。

【注】

1.插根：插秧，插田。语出自宋·翁卷《乡村四月》："乡村四月闲人少，才了蚕桑又插田。"

平岗牧唱

个个蓬头[1]学戏郎，无腔信口出山塘。

平岗颠倒骑牛[2]背，带夜归来唱夕阳。

【注】

1.蓬头：胡令能《小儿垂钓》："蓬头稚子学垂纶，侧坐莓苔草映身。"

2.颠倒骑牛：牧童模仿张果老颠倒骑驴。

天塘晚钓

清风拂面日斜西,晚步天塘翠竹迷。
收拾鱼竿寻旧迹,月明林下影初移。

东溪夜月

夜净银光渡鹊桥[1],东边竹影影西摇。
嫦娥不是浣纱女[2],哪得清音水面飘。

【注】
1. 银光渡鹊桥:银光能渡过鹊桥,人可渡吗?
2. 浣纱女:以浣纱女喻嫦娥,一边浣纱,一边唱着清丽的歌。

第二节 李家文选(9篇)

五世卜居寿昌长汀始祖江南节度使李公传

唐 翁洮

公,讳芳,字彦芳。自幼风度严凝,器识纯粹。早孤,事母至孝。比长,刻志于学,补太学生。唐德宗贞元五年己巳(789),举明经高第,为左拾遗监察御史。机鉴清明,议论英发,正式立朝,危言敢谏。凡百举刺,无所忌讳。

十六年庚辰(800),拜江南节度使,治军有律,御士卒以简易。宣布朝廷德化,振肃纪纲,考察官吏,兴学校,斥异端,表行谊,抚孤穷,申冤抑,弭盗贼,百姓安辑,而江南大治。二十年甲申(804),行部至寿昌,卜宅长汀之胜奉母,遂迁居焉。

宪宗元和元年丙戌(806),以母疾丐休归养。上嘉其孝,赐金币,诏给驿舟,以贶其归。及母卒,哀毁愉礼,治丧勿用浮屠。既葬,庐于墓所,旦夕拜跪悲号。每忌日,辄恸不食。岁时伏腊祭祀,酌遵古礼。

训二子绫、绮,皆业儒,经明行修,为一时誉。

髦冠,优游林下二十余年。文宗太和三年己酉(829),疾将革，衣冠端坐，举孔子之语以示其子曰："躬厚而薄责于人，则远怨矣。汝宜体认，毋忘遗训。"家事无一语及。言讫，就枕端卧，终于正寝，年七十六。

（大慈岩镇李村村《玉华李氏宗谱》）

梨岳古庙碑记

清　邵铭勋

考浙东西（四方），为扬（古扬州）之南域。山川灵秀，代有杰人。而求其才德兼优者，惟我睦州李都官。其政绩彪炳史册，照耀人寰，所谓生而英殁而灵也。

公讳频，字德新，寿邑岭西长汀源人。生平多所记览，其属辞尤长于诗，伟然为一代之冠。擢唐朝进士，官至员外郎，后铨为福建建州刺史。以才名世，以德治民。卒官署，闽人复立庙梨山，至今奉祀勿替。

况吾乡为公桑梓之地，生于斯长于斯，其精爽未尝不在于斯。以故旧有李都官祠，逮世远年湮，日就倾圮。对此碎瓦委垣，即欲岁时报赛，将何以展厥敬。

去岁暮春，同社诸人欲广其基，大其庙，靡不欣然乐从，捐输踊跃，敬襄美举。由是命木工治木，石工治石，土工治土，不需时而庙貌更新，岿然在望，名其庙曰"梨山古庙"，盖亦仿建（建州）之梨山而名之也。

嗟乎！以德感人，固如是乎。后之兴起者，睹此庙貌巍峨，当亦慕公之才，思公之德，不啻公之如在，而为之诵祷无疆也。余亦乐而为之记。

候选儒学训导邵铭勋百拜谨撰
大清道光元年（1821）岁次辛巳菊月（农历九月）上瀚（浣）之吉

［注：据石鼓村《瑶山邵氏宗谱》，邵铭勋（勋）是清嘉庆道光年间石鼓人。］

请将汤鹏举早行窜殛以叶舆议奏

宋 叶义问

仰为陛下聪明神圣，灼见前此大臣植党擅私，结台谏（台官与谏官）以害治道，于是擢汤鹏举而用之，手诏丁宁（叮咛），非不深切。而鹏举则过自矜伐，以盖人主之英断，分朋植党，希徇私情，首犯缔交之罪，阴为朋附，窃弄威权，去之不决，驯至大患。此臣之所以深忧，而陛下所宜深察也。

臣不敢以摇舌渎圣听，且以秦桧言之。桧之先结台谏，相为表里，因而假窃公器，而为私用，故一时群小，希宠竞进，知有秦桧，而不知有朝廷也。自非陛下乾刚夬决（音guài jué，决断），一洗而新之，则汉、唐朋党之祸，如臣前章所陈者，岂不复见于今日乎！

今鹏举不遵陛下训诫，而复效桧之所为，内则倚用刘天民、范成象、留观德之徒，以交通台谏，外则倚用李良民、赵士鹏，以贼害良善，何异一秦桧死，一秦桧生？

所幸鹏举未至宰辅耳，借使居桧之位，纵其凶暴，济以朋比，其为患有甚于桧者。欲望陛下回天地之监，震雷霆之威，将鹏举早行窜殛（流放、斩杀），以叶（通"协"）舆议。

绍兴二十七年（1157）十一月

（《全宋文》）

海道宜备师屯奏

宋 叶义问

敌人以克剥（克扣剥削，克薄）不恤（不忧虑；不顾惜）为能，以杀戮不恕为威，穷奢极侈，似秦隋之所为。

如燕京已剧壮丽，而修汴京，伐木琢石，车载塞路，民劳而多死于道，天人共怒，观此岂能久也！

又海州贼党未尽，而任契丹出没太行，臣去时闻破浚（河南浚县）之卫县，回时闻破磁（治所在今河北省磁县）之邯郸，北使三人皆被贼伤，夺去银牌，不惊南使。燕京以南，在处不宁，今欲迁汴京，且造战船，敌人皆有深意。

以臣度之，若果迁都，则在彼已失巢穴。今江、淮既有师屯，独海道宜备。臣谓土豪、官军不可杂处。土豪谙练海道之险，凭藉海食之利，能役使船户，平日自如，若杂以官兵，彼此气不相下，难以协济。今欲于江海要处分寨，以土豪为寨主，令随其便，使土豪挠于舟楫之间，官兵振于塘岸之口，则官无虚费，民无横扰，此策之上者也。

绍兴三十年（1160）五月

两淮形势奏

宋　叶义问

两淮形势，在今危急。荆南刘锜，则均、襄、隋、郢、通化、枣阳之所隶也；鄂渚田师中，则安、复、信阳、汉阳之所隶也；九江戚方，则蕲、黄之所隶也；池阳李显忠，则龙舒、无为军之所隶也；建康王权，则滁、和之所隶也；镇江刘宝与乌帅成闵，则真、扬、通、泰之所隶也。江阴正控海道，宜自镇江分兵以扼之。至于濠梁、固始、安丰诸郡近边，亦宜总之合肥，比已分屯诸将，臣欲饬兵择地险要，广施预备。

又金人用兵之久，贪骄淫怠，今所用皆非旧臣，而多用签军（金元间凡遇战事，签发所有汉人丁壮当兵，谓之签军）。签军本吾民也，其肯为敌效死乎！此应变之说也。

臣又见秋冬之交，淮水浅涸，徒步可过，若敌今岁未动，乞以江、淮一带，遴选武臣为守，公私荒田，悉拨以充屯田，使募人耕之，暇则练习，专务持重，勿生衅端，来则坚壁勿战，去则入壁勿追，使之终无所得而自困。此持久之说也。

绍兴三十（1160）年七月

富峰八景记（诗序）

明　商辂

富峰（龟山，这里指富峰附近村落）去（距离）寿邑西五十里，舒氏所居也。八景云何？舒君时用（舒时用）承（承接）先人（祖先，常指已死的父亲）之意而名之也。

其西北有层峦焉，高出众山之表，蹑（登）之则寿、淳、遂（严州府寿昌、淳安和遂安三县）之景举（全）在目中，故一曰"三县层峦"。其左右四山，环列远近，望之则龙、凤、龟、麟之势，或腾（跳）或踞（蹲），故二曰"四灵列嶂"。其东一巨石突出田中，类鸡形。昔有异人至此，以杖击之，见金色鸡从中飞出，裂石犹存，"金鸡石迹"所以居八景之三也。其南一横山，当水口（有溪流经过的山口）即（是）旺山祠，舒氏命匠铸钟扣之，以警居民，以祈岁丰，此"旺山晨钟"所以居八景之四也。其东北良田数顷，于耡举趾（修理农具，抬脚下田耕种），不失其时，所以力本（古代以农为本，故称）而厚生（使人民生活富足）也；其西南二水合流，垂钩晚钓，其鲜可食，所以奉亲而宴宾也。故"沙坂春耕"居八景之五而"交溪晚钓"居八景之六也。门窗玲珑，梅雪交映，诵诗读书，昼夜弗辍，怡情养性者之有所资也；青松夹径，风声萧瑟，樵童牧竖（竖，未成年的童仆），前呼后应，往过来续者之得其所也，故七曰"书窗梅雪"而八曰"樵谷松风"。惟是八景擅美于富峰而钟秀于舒氏非一日矣。

夷考（考察）其世，则舒之先自歙徙黟（从安徽歙县迁到黟县）曰元舆（舒元舆），仕唐至相位，实舒之闻人（有名望的人）也。又自黟徙衢。宋建炎初，曰起凤与枢密叶义问公同登进士，授新城（新城县，又名新登县，治所在今富阳新登）尉，尝谒枢密于此，因览富峰之胜，遂卜居焉。

元时，曰国和仕宣议郎君，辅任衢州学正。国朝，曰德刚以孝廉授蜀之灌县丞。迪（舒迪）以中式（科举考试合格）授南康（江西赣州南康）广文（教官）。景陵以粮多为万石长，德惠及人。景穆任丰城（江西丰城）主簿，仁爱及物。斯皆时用之（舒用之）嫡祖与叔祖也。

若其先君子（对已故父亲的称呼）季宁，襟度豁达，与物无忤（处世态度随和，与人无所抵触）。自是田园日广，基宇益大，资货日溢。尝施谷以赈饥民，损金以新文庙。时用承累世之善庆（积善之家必有余庆），而济以中心之和（中庸之道），易（换）冠带（喻官职）之荣，乃其德之所致。长子崇正，进游大学，骎骎（马疾速奔驰貌）禄仕。诸子及孙皆温然如玉，将来富贵讵（音jù，岂）可量哉！

是皆富峰之秀气所钟，八景之形势所孕。噫！诵地灵者，必致美夫人杰。予故为记富峰八景而咏之以诗，载之世谱，以弁（音biàn）其首云。

成化三年（1467）丁亥孟夏之吉
（《富峰舒氏宗谱》）

赠傅二尹文宝之官靖安序

明　商辂

傅氏，寿昌右族。文宝先君子（先父）思勉公，忠厚士也。早游郡庠，入太学，仕为江右瑞昌令，视民如子，令行禁止，民乐于从。九载满，去。先稚（老少）遮道攀留，至垂泣而别。奏最（上奏考绩为最优），迁□阳同知，政事之善，如在瑞昌时。而民之爱之也，亦无异瑞昌。盖忠厚足以感人心之如此。景泰（1450—1456）中引年致仕（因年老退休）。予时承乏（暂任）内阁，追送都门，伫立凝望，羡慕久之。及予解官归田，公亟见访，篝灯话旧，信宿弗舍。已而予得别业，适与公邻。聚会之间，情好弥笃。是时，文宝从游邑校，每归必造予寓，气和言温，循循谨饬，予窃喜曰："傅氏有子矣！"

予承召命来京，闻公捐馆（辞世），悼叹累日。近闻予侄复与文宝议为婚姻，益敦契好。兹文宝以太学叙升，谒选（赴吏部应选）天官，擢丞（县丞）靖安，告行于予。感今怀旧，可无言为文宝赠乎？文宝以俊妙之年际，太平之景运，莅江右之善邑，果将何以尽其职，以慰其民，以仰国家任用之意哉？亦惟取法乃父，忠厚存诸心，仁恕施于政，使异时靖安之民爱之慕之亦如瑞昌之民，斯无愧于先烈矣！

昔傅僧绰为山阴（绍兴）令，子谈继之，先后并着奇绩，世谓"诸傅治县"。谱，子孙相传，不以示人。要之，忠厚仁恕存心，治民无以逾此。文宝诚能守而勿失，虽谱之传弗传，不足言矣。况今圣明在上，简贤置吏，专于为民。而令（县令）与丞（县丞），尤斯民所恃以为生者，安可亦易（轻易）而为之哉？虽然，文宝既耳濡目染于从亲游宦之时，而复考德问业于隆师取友之日，其于治己治人之道，蕴之素矣。举而措之，推而达之，如河决下流而东注，如驷马驾轻车就熟路。王良造父（古代善驾驭车马的人）为之先后也，又奚俟于予之渎告哉？

文宝行，乡之仕于朝者咸欲征言为赠，因并此以复。文宝其勉之哉！

成化十年（1474）岁次甲午夏六月　之吉
（《西泉傅氏宗谱》）

瑶山邵氏宗谱序

明　商辂

人之有祖，犹木之有本，水之有源。欲繁其枝先培其本，欲寻其流先究其源。此谱之所以不可不作也。

盖由己而上，父祖高曾，极而至于厥初生民。由己而下，子孙曾元，绵绵瓜瓞，传于千世，愈远而愈著，愈久而愈明，非谱牒之详何以知之？然自元季（元末）以来，兵燹流离，能存而不坠者百无一二，可胜叹哉！

寿邑瑶山邵氏，望族也。其衣冠文物（文人、官员）济济，代不乏人。而邵子思宠者，拔乎其萃者也。君秉性颖悟，博览史书，凡酬酢往来，一乡皆称（称赞），为善士所聚。难者（难能可贵的是），生平之孝行，为尤笃。与余缔交，盖亦有年。一日，出其家乘（家谱）以示余，并征余序之。余曰："君之谱牒，深切著明，博而得其要，简而周于事，水源木本，井井有条。名人巨手发挥序说，尽美尽善，又何加焉？岂管窥蠡测之见所能补其万一哉？"然以托交之厚，安敢无一辞以赞之？

窃考其得姓之源，自召公奭（音shào gōng shì）食邑于召，相武王有天下，其后受封于燕，传至燕王喜，国灭于秦。太子丹有子曰臻，废为庶人，一脉相延，传至平，秦封东陵侯，为青门裔。汉兴，信臣为南阳太守，吏民亲爱，号曰召。父伯春以志义闻乡里，号曰德，行恂恂。邵伯春布在方册，炳若日星。降及东晋，有坦公者，为睦州始新令，筑室余邑（淳安）之合洋，以开其先。九传至仁祥公，为隐德（施德于人而不为人所知）君子，没而降灵，庙食（谓死后立庙，受人奉祀）于郡，水旱灾伤，祷之必应，累封至八字王号。又二十六世孙瑞公，由合洋徙居寿邑之河南。传至昡，爱幽雅之所，厌市井之繁，遂卜宅邑西瑶山石古而居焉。其后贤子孙，有讳锭号文国，为南京主事。有讳镜号文溪，为江西佥事。有讳钺号文峰，任陕西扶风县令。有讳钜号文海者，为南直隶（明朝有南北二京，相对应有南北直隶。南直隶为今安徽、江苏）少卿。一时簪笏（冠簪和手板）绵绵，冠盖济济。上下凡数百年，愈衍而愈昌，非其祖宗植基之厚，发源之深，能若是其远且大耶？

虽然，靡不有初，鲜克有终。为祖宗者，开基创业以隆于前；为子孙者，继志述事以昌于后。教子孙以义，方睦宗族。以礼让，毋众暴寡，毋贵陵（欺凌）贱。匡其不逮，赈其不足。则邵氏之昌大，又非今比也。

尚其勖（音xù，勉励）哉！敢因邵子思宠之属（通"嘱"），序而并以谂（音shěn，谏）之。

（石鼓《瑶山邵氏宗谱》）

鹅笼主簿公序

清　邵宗庆

夫地以人传，人以地传，未有传其地、传其官，而不传其姓氏者，则惟石钟（石鼓村石钟山）之鹅笼主簿是。按图志，鹅笼翠岚钟毓（集中出现），金鸡（金鸡岭）环列，秀峰窅冥，玉龙（溪流）条出，无烦点窜（无须赘言）矣！主簿，官名，即宋南渡时

"阴济神"也,姓萧,讳桐,字琴谱,号声斋,越嶲(音juàn,越隽,今四川西南部)人。徙居梓潼(今四川梓潼县),所居剑州之七曲山,仕于安东(安东不属南朝管辖,疑为"新安"之误)。

将军[南朝梁武帝萧衍(502—549年在位),萧何第二十五世孙]即位建康时,有伪言(说假话)媚上(取悦主上)者曰:"寿西多宝,有金鸡。"上信之,未知为岭名也,因命桐(萧桐)取焉。及访至,果有一鸡,如凤,五彩俱,捉之不获。夜宿岭头,梦神引至危岩绝壁间,惊觉,遂飘然有化尘之意。明日(次日)寻游鹅笼,谓从者曰:"我不复反(回去复命)矣!"翼(同"翌",翌日)午(午时)卒。从者与里人葬于鹅笼之顶。

未至半年,显英(显灵)屡次。近民立庙于墓侧奉祀焉。元时,又御灾捍患,神灵赫濯。明末,抵贼于源洞之比(邻),死者不知数。县宰举闻(列举所闻上奏),为"阴济萧明王",即今所奉祀者也。迄今千三百余年来祭享弗替,然则曷为乎不以金鸡名主簿,而独以鹅笼称之,何也?盖神脱凡之日,有白鹤飞迎。从者与居民不知,以为白鹅,遂一时伪传焉。

何谓之笼?以山卷舒回旋,象形取义者也。又曷不推尊曰圣曰神,而仅以主簿名之,何也?里人本色风光,若粉饰颜额,称王称帝,呜呼!可考(想必)皆非神之所愿也,亦非神之本意也。隆其所称,反为不喜,故以主簿名之,适如其愿也。神既喜,则箪食壶浆远胜玉体金泉,而时享无疆也。然何必不以主簿名之,又何必以主簿鹅笼名之也?则仍系之以鹅笼主簿,又谁云不可?即等而上之曰圣曰神曰王曰帝,又乌乎(呜呼)不可?然究非所愿也。何以不系姓氏,而止以官名名之,何也?盖先生埋名灭迹者,流不欲人知,故谓之神。然不知姓氏,亦非祈赛所藉也。故族中欲予为序,以张于屏而献诸神座。曰:是诚在我。

然琴谱先生之品行文章,盖不一而足也。事母至孝,任恤(诚信乐于助人)有经(法);居家严悫(音què,谨慎),持重老成;口不妄言,身不妄动;笃嗜诗礼,名扬当代。先生之乔岳高山立身也。外无诡谀,内无愧怍;不取非义,不作无益;勇知不矜,才能不忒；可对天地，可质幽明（人与鬼神）。此先生之明镜止水存心也。廷无健讼（喜好打官司），邑无顽民；片言折狱，一诺不移；屋漏无忝（不羞愧），私居无谮；上不负君，下不欺民。此先生之青天白日应事也。事上温恭，接人和顺；悦豫形色，喜气充盈；稚子爱戴，士人钦仰；不以贫怨，不以富骄。此先生之光风霁月（阳光坦荡）待人也。

有时桃花迷去津，芙蓉惹钓纶；梦绕庐洲（州）月，身带寒江雪。此先生之忘机（淡泊清净，忘却世俗烦庸，与世无争）颍水（尧要将天下禅让给许由，许由逃往箕山，以颍水洗耳）时也。有时吟成绝调，歌吹玉笛，笔扫千军，琴弹山水。此先生之逍遥适意事也。有时种奇葩于玉砌，栽桃李于一门；焚香读易（易经），点画（评点书画）新莳（更新种植）；陶情玩器，拂拭古砚。此先生之读书习业事也。有时对樽（举樽对饮）谈心，叙宾（叙宾主之谊）赏夕，垅畔行吟；名山着屐（音jī，登山木鞋）访高僧，语偈（口诵偈语）寻道家炼丹。此先生之緱（音gōu）山控鹤（乘鹤成仙）事也。

若此者寓目兴怀，可为江山之助。即事题咏，必待骚雅之才。序成一篇，名垂万代，载诸家乘（家谱），留示后人，永为闾里之光，尚待辂轩（使臣）之采（采风）。

（石鼓《瑶山邵氏宗谱》）

第八章　民间传说

　　民间传说是千百年来老百姓集体口头创作。凡是历史文化沉淀深厚的地方，必有民间传说。李家具有十万年历史，山川秀美，代有才人，民间也就有大量的传说故事。这些故事口耳相传，是老一辈人饭后茶余的重要谈资，也成为李家特有的历史文化重要瑰宝。李家民间传说，情节跌宕起伏、曲折呼应、引人入胜，想象力极为丰富，极具魔幻色彩。悬念迭起，吸引人心，让人欲罢不能。正因为情节的曲折生动，故事形象亲切感人，千百年来才在民间广为流传，具有顽强的生命力，成为李家人的集体记忆和标签。

　　李家的民间传说，是经过历史长河淘洗的民间口头创造，也是传统价值观的形象载体，表达了李家人蔑视权贵、刚正不阿，惩恶扬善、积善行德、同情弱小、尊师重教等朴素的情感。古代民间藏书甚少，读得起书的子弟更是寥寥无几，这些民间传说成为李家人教育下一代的生动教材，滋养了一代又一代的李家人，使李家人变得正直善良、好学上进，代有才人。

　　李家的民间传说是老百姓的口头创造，因此语言明白晓畅、通俗易懂、朗朗上口，常常带有李家方言俚语。读李家的民间故事，仿佛听一位白胡子老人给我们讲家乡的故事，娓娓道来，我们沉浸在故事的场景里，既遥远又亲切，油然而生的是作为李家人的自豪感。

第一节　商阁老传说

　　商辂是明朝著名的政治家，仕英宗、代宗、宪宗三朝，曾任兵部尚书、吏部尚书、太子少保等重要职务。据传，商辂外婆家是在李家镇新联村舒家自然村。商辂从小在外婆家长大，对李家拥有深厚的感情，曾写下多首诗歌赞美李家秀美景色。商辂为人和善、宽厚仁慈，当大官之后，经常深入民间访贫问苦，解决乡民实际困难，老百姓亲切叫他商阁老。

相传，商阁老的外婆家条件十分艰苦，只有几间破败的茅草房。家里根本请不起教书先生，子女一个个都是活脱脱的文盲。商阁老有个表弟（娘舅的儿子），长得五大三粗，二十多岁，常年在家无所事事。商阁老的舅妈急得团团转，一日猛然想到京城还有个大官亲戚，他帮了那么多人的忙，也会帮娘舅儿子的忙，弄个一官半职还不是一句话的事。可舒家到京城路途遥远，步行千万里，风险重重。一家人商量到半夜，最后还是决定冒这个险，在家一辈子只能当个农夫，到京城或许能出人头地、光宗耀祖。一家人满怀希望，准备了一月有余，东挪西借，凑够了盘缠，备足了干粮，商阁老的表弟便出发投亲了。

一路风雨，一路艰辛。走千家，过万户，整整走了六个月，表弟好不容易来到了京城。

他胆战心惊地来到金銮殿外，向衙役通报要找表哥商辂。商辂穿着官服，缓缓地从里面走了出来。表弟急切地迎了上去："表哥，我找你找得好苦。"商辂看了看风尘仆仆的表弟，厉声喝道："谁是你表哥？你竟敢假冒我的亲戚？来人，将他拿下，打他二十大板，关进牢房。"说完，扬长而去。一群如狼似虎的衙役将他摁倒在地，结结实实打了二十大板，然后将他关进黑漆漆的牢房。盼星星盼月亮盼到的表哥不但不认他，还将他打了一顿，关进牢房，表弟恨商辂无情无义，发誓一辈子再也不见这个狼心狗肺的表哥。

表弟每天都在牢房咒天骂地，也没有人提审，也没有人搭理，呼天天不应，喊地地不灵。

这样孤独无助的日子过了一月有余，好在每天伙食不错，好酒好菜，供应不断。屁股上的棒伤也渐渐愈合，行动能自如了。

一天早晨，牢房门突然打开，两个人高马大腰挎大刀的衙役闯了进来，将一副沉重乌黑的脚镣手铐戴在表弟身上，严厉说道：

"走，送你回家。"表弟心想，这次投亲想做官，官没做到，总算捡一条命回家了。

过了好几年，商阁老回淳安里商省亲。他翻越遥岭沿着小时候走过的山路，轻车熟路很快来到舒家外婆家。舅妈板着脸接待了他，没好气地说："当大官了，六亲不认了，还知道回外婆家？""表弟呢？""一早种田去了。""当年那副脚镣还在吗？""托你的福，表弟官没做到，却带回一副脚镣手铐。破铜烂铁有啥用？还不是掼在鸡舍背吗？"当商辂找到鸡舍背布满灰尘的脚镣手铐时，平静地对舅妈说："这可是乌金，用了我的好几年薪俸打造的。表弟再也不用下地干活了。你们用这些乌金好好培养子女，要让他们读书识字，考取功名。农家子弟，只有读书才有出息。"

原来商辂在京城故意不认表弟。商辂想过给表弟安排一官半职，但表弟是文盲，根本胜任不了。给表弟钱财，京城到李家千里迢迢，一路盗贼横行，不要说钱财到不了家，性命都保不住。商辂见到表弟时略一思考，便巧施妙计智助穷亲戚。从此之后，舒家开始兴盛起来，家家户户重视子女教育，考取功名的人连续不断，旗杆石纷纷竖起，大富大贵人家也比比皆是。

第二节　诸家段龙传说

传说大唐贞观元年，天下大旱，玉帝指派了九条龙分别到天下九州降雨抗旱。其中一条青龙在飞过四灵诸家一带时，看到干旱特别严重，几百亩的良田里禾苗一片焦黄。老百姓排着队，挑着从几十里山沟沟里取来的水，大汗淋漓。这条青龙恻隐之心大发，于是作法播雨，顿时天上乌云密布、狂风大作，不久就下起了大雨，四灵诸家的百姓欣喜若狂，冒着大雨从家中奔出来对天祭拜。青龙在天上看了很高兴，一直把四灵一带的田地都浇了个透，才收起云脚到玉帝指派的地方去播雨。但已误了时辰，违反了天规，理应斩首，可这条青龙仍在人间播雨，玉帝便指派大唐皇帝李世民代为执法。唐太宗又把这个任务交给谏议大夫魏征执行。魏征查明事实，认为青龙有违玉帝旨意，但没有原则错误，不至于斩首。于是故意拖延时间，等待机会，救青龙一命。

唐太宗处理完朝政之后，叫来魏征下棋解闷。下着下着，魏征手上的一只马掉到地上，也没有发现去捡。唐太宗弯下腰帮魏征捡时，发现魏征睡着了。唐太宗心想，魏征日理万机，够辛苦的，就让他多睡一会儿，还在身旁为魏征扇起了扇子。其实魏征是被玉帝召去质问，玉帝要魏征立即执行。魏征无奈，只好执行命令。正当魏征举刀向青龙砍去时，身后一股神风突然吹来，青龙奋力挣扎，上下翻腾，魏征连砍九刀，把青龙砍为九段。青龙九节断身落到四灵诸家一带，老百姓纷纷把断身捡回家供奉起来，后来又在村口为青龙建了一座庙，各家各户送来龙身，四时祭祀。祭祀完之后，九节龙身又请到各家祠堂供奉。

从此之后，每年正月初一到十五，各家又把龙头龙身从各个祠堂里请出来拼在一起，共同祭祀，渐渐地这一习俗演变成舞龙。

第三节　新桥真命天子传说

李家镇新桥村山川秀美，人杰地灵。我国大多数地势西高东低，河流也都向东奔涌。新桥村富豪岭下一股水流却向西流淌，常年河水清澈。据说，有这样地形的地方风水极好，往往会出大人物。据传，新桥历史上出过一个真命天子。

传说当年新桥有一户人家，夫妻为人和善，口碑极好。凭着他们勤劳能干，家境比较富裕，但美中不足的是，夫妻年过四十还没有一男半女。有一年春暖花开的时节，他们年过八十的老父亲无疾而终，家里人正准备请相地先生择地而葬，门前来了一位道士，道士说他夜观星象，日察地形，发现此地风水极佳，可能会出大人物，只要将祖坟葬于某某地方，不出一年他们家就会有大富大贵的子女生出来。夫妻俩听了说不要出什么大人物，只要有个一男半女就足够了。于是他们就按道士的指点安葬了父亲，并且将道士供养在家里。

果然不出两月妻子就怀孕了,而这时道士的双眼突然瞎了。道士心里明白,这户人家要出真命天子了。于是他要东家养一条黑狗一只白公鸡,夫妻俩言听计从照办了。说也奇怪,这黑狗与白公鸡每天轮流爬上屋顶,守在上面。自从来了道士以后,妻子便怀孕了,夫妻俩招待道士更热情了。道士生活要求也不高,就是喜欢吃鸡,他们便每天杀一只鸡款待道士,自己只吃道士吃剩的,天天如此。

有一天,夫妻俩想道士每天一只鸡,总有不少吃剩,何不把鸡腿攒起来风干,等道士离去时带着做干粮?于是,他们把鸡腿悄悄晾藏在楼上。起初道士没吃到鸡腿也没在意,可日子一长,道士便误以为这对夫妻小气,鸡腿自己吃掉了,叫他吃鸡头鸡脚,心中老不大高兴。

又过了一些日子,道士突然提出要回江西老家。夫妻俩再三挽留,但他执意要走。夫妻俩只好把道士的行囊整理好,塞了几十块白洋,还有一袋满满的鸡腿干。那时妻子已怀孕半年有余,再过三个月就要临盆了。道士临走时,对夫妻俩说,黑狗白鸡是保护他们儿子的,孩子就要降生了,用不着保护了。等他走后,就将白鸡黑狗都杀了。夫妻俩送出十多里才同道士挥泪道别,回来后就按道士吩咐杀了黑狗白鸡。

道士背着行囊一路走去,当走到衢州地界时,他的眼睛突然又亮了,他知道真命天子被朝廷发现了。他又饥又渴,打开行囊,发现满满一袋子鸡腿,他知道错怪那对夫妻了。为挽回自己过失,他迅速返回新桥,见到那对夫妻,二话不说要老东家房前屋后种上南瓜。不一会儿,神奇的一幕发生了,南瓜藤奇迹般生长,将房屋遮盖得严严实实。

但是,道士的补救为时已晚,朝廷已派出十万大军前来诛杀。原来京城的国师夜观天象,发现西南方向呈五彩,有帝王之气出现。他马上在京城建了高台,架设了照妖镜日夜观察,确定真命天子的方位。可西南方向一会儿白云,一会儿黑云,始终搞不清真实方位。就在前几天，云开日出，国师终于发现真命天子显现的确切地点。皇帝下令剿杀，十万大军一路风尘，赶往新桥。

情况十分紧急，真命天子预感大祸临头，于是咬破母亲腋下出生，准备夺路逃命。天上鸟儿也知天子有难，就大叫："骑梁逃，骑梁逃！"慌乱中的天子误听成骑墙逃，于是骑上一截矮墙，矮墙便腾空而起，化为一匹白马，向西南方向飞奔而去。

传说真命天子出生前，总有武将先出世。新桥天子的武将出生在龙桥村，已十八岁，长得虎背熊腰，平时爱舞枪弄刀，他有一把大刀重达一百二十斤。这把大刀就在新桥神仙洞里锻造的。据说新桥村对面半山腰里有一个神秘的山洞，每当夜深人静的时候，人们能隐约听到叮叮当当的打铁声，人们还经常看到一白发老翁挑担进山洞，自从真命天子被杀后，老翁也神秘失踪了。除了大刀，武将还有两匹高头大马，一匹白一匹黑，武将骑黑马牵白马，常高傲地从村庄走过。这两匹马也没有马厩，就住在麒麟山石壁里。马也不要人喂养，每天晚上会跑到长林马畈里吃麦子，吃饱喝足之后，就跑到章姓大户人家拉马粪。用人一早从灶膛里扒拉出来的马粪都变成黑漆漆的乌金，章姓人家由此发了大财，用乌金买了一百多亩良田。

章姓人家发了财，长林百姓却遭了殃，田里无论种什么都被龙桥两马吃光光。他们便相约到土地庙里咒骂土地公公，土地公公受了一肚子气，便跑到玉皇大帝那告状。一个电闪雷鸣之夜，两匹马刚从石壁中探出头来，要到长林吃麦子，呼啦啦一道闪电，两匹神马就永远定格在了马头山。失去爱马的武将没有就此消沉，种田读书，习武不断，喜打抱不平，常做排兵布阵的游戏。爱子心切的父母怕他惹出祸端，悄悄地把他的大刀换成了一把木头刀。

这一天，他正在石壁底耕田，天上飞鸟一批批飞来："快去救主，快去救主！"他知道主子有难，便左手夹耕犁右手夹耕牛，一路飞奔回家。他操起大刀，心中一惊，这大刀怎么会这么轻呢？他来不及细想，便一路狂奔到新桥村口的水碓旁。这时，从诸家方向来的朝廷先锋部队也来到了村口，召集队伍已来不及，神仙曾托梦给他，危急时刻可以撒谷成兵。他冲进水碓，刚好有个农夫舂米出来，他便从箩筐里抓了一把米撒了出去。这些米顷刻之间都变成了士兵，但没有铠甲，都成了赤膊兵，被朝廷部队打得七零八落。他看到士兵没有战衣，又慌忙抓了一把砻糠撒了出去，哪想到这些砻糠都变成了黄蜂，把士兵叮得嗷嗷乱叫。没有办法，武将只能独自迎战，本来他有万夫不当之勇，可那天拿的是一把木头刀，根本就没有战斗力，只几个回合就被朝廷先锋部队砍杀至死。

  再说天子一路逃到翁家与上马交界的山冈上，已累得筋疲力尽，只得下马稍事休息。他看见一位农妇在割韭菜，就问她："韭菜割了还会长出来吗？""当然会。""那人头割了还会再长一个吗？"农妇看了看眼前这位落魄的青年说："人头掉了还会长？皇帝也没有这样的福分。"天子听了潸然泪下，知道自己气数将尽。但求生的欲望迫使他拼命向前，一条大河挡住了去路，大同方向来的追兵越来越近，依稀能看到旗帜，听到呐喊。天子骑马奋力跳进河里，企图涉水过河。等到了对岸，马没了，那马是泥墙变的。天子只好徒步疾走，当他逃到如今上马村东边出口处时，官兵已到了万兴村，他只好往回逃。当他逃到上马村东南的山冈上，官兵将他团团围住，为首的大将砍下了他的首级。

  为了纪念这位没有成功的天子，当地百姓在天子下马的地方建了下马桥，往回逃的地方建了回龙殿，在杀头的地方建了落头殿。凄婉壮烈的传说在李家上马一带盛传多年，我们可以推断：这是历史上发生在新桥村的一次失败的农民起义。

（根据张福堂老师、汪传水老师记述整理而成）

第四节　仰山庙传说

  李家镇的入口处有一堵拔地而起的石壁，这石壁往里倾斜，冬暖夏凉，过往行人常在此歇一歇力。"文化大革命"前，此处有座古庙，供奉着童武像，香火鼎盛。童武确有其人，是一名外来的相地先生。他在四灵乡一带扶危济困，积善行德，做了大量好事。他死后乡人为感念他的恩德，在仰山地建庙祭祀。相传朱元璋率部经过此处，曾将庙宇翻修一新。朱元璋为何要翻修仰山庙，这还有一段来历。

传说朱元璋攻打衢州城，各路兵马把衢州城围得铁桶一般。可衢州城易守难攻，守在城楼上的元军架起几口大铁锅，义军一攻城，他们便浇下滚烫的菜油，义军伤亡惨重。朱元璋见硬攻不能取胜，便想饿死、困死元军，将衢州城整整围了三年。可哪里想到，城门楼上不断扔出一捆捆青稻秆，元军又吃上城里种的新米。朱元璋一筹莫展，便和刘伯温微服外出。

他们来到一个小山村，见一户人家正在上梁。刘伯温掐指一算，这天是个凶日，这样的日子上梁，以后家里养猪也要得瘟死光。刘伯温大为不解，便问是谁选的日子，东家请出了相地先生。相地先生还未出场，只听身后响起洪钟般的声音："谁说今天是凶日？朱皇帝驾临，刘丞相在堂，正是紫微高照、吉祥万千，哪里会是凶日呢？"刘伯温循声望去，只见内屋走出一个满脸雪白胡子的老头。这老头何以认得朱元璋和自己，莫非这身打扮露出了马脚？便主动与他搭上了腔，几句话一交谈，刘伯温发现这老人见多识广，出语不凡。散席之后，与他边走边谈，迎面不远处便是衢州古城墙，刘伯温手指城门问："先生，这城如何破？"相地先生望了一眼城门上的炉火说："要破此城非常遇春莫属。""常遇春家住何处？""只在此山中，云深不知处。"相地先生朝远山一指，口中念念有词，等刘伯温回转头，相地先生已消失得无影无踪。刘伯温心中又是一惊，这古怪老头莫非是神仙下凡，特来指点破城之人？

刘伯温便带了一个随从，沿着相地先生所指的方向进山访将。走了一程又一程，转过一弯又一弯，不见一个人影。正当他们要打退堂鼓时，溪水中从上游漂来一张菜叶。刘伯温大喜，有菜叶就有人家。他们加快了行程，转过一弯又一弯，蹚过一水又一水，仍不见一个人影。他们又疑惑了，常遇春到底在哪呢？这时，随从到小溪边喝水，捡到一只一尺多长的破草鞋。刘伯温惊喜万分，这必定是常遇春丢弃的。于是，他们又加快了脚步，转过几个山弯，就看见半山腰一间草屋，草屋外堆满了一捆捆干柴。推门而入，草屋里坐着一个盲人老婆婆。几句话一交谈，刘伯温就知道她正是常遇春的母亲。刘伯温说明了来意，诚恳劝导常母能让儿子出山。常母叹了一口气说，"元朝暴虐，天下苦元久矣。投奔义军，杀敌立功，这正是我对遇春的心愿。他一个堂堂男子汉，躲进深山，卖柴度日，如同野草，自生自灭，做人又有何益？可惜，他是个孝子，我不到百年，他是不会出山的。"正当他们交谈时，只听外面"哗"的一声，一股旋风破门而入："哪来的生人，敢欺负我老娘？"刘伯温抬眼看时，面前站立一个高高的汉子，虎背熊腰，手中拿了一把明晃晃的砍柴刀，正对着自己的脖子，刘伯温一阵心寒。"休得无礼，这是你娘舅，还不跪下行礼？"常母一发话，常遇春便乖乖放下柴刀，跪在刘伯温面前："外甥无礼，请娘舅恕罪。"

娘舅来临，常遇春倾全家所有，招待了刘伯温和随从。饭后，常母便吩咐常遇春出门打猎，可以好好款待娘舅。常遇春走后，常母要刘伯温和随从四处走走，看看山中景色。常母只字不提常遇春出山之事，刘伯温无心观赏山中之景，随便走了走，准备再劝劝常母。可哪里知道，他们推门进屋，已发现常母撞墙角自尽了。多么刚烈的母亲啊，不惜以死促常遇春出山，刘伯温激动不已。但转而一想，常遇春回来，不是要误认为是自己害了常母吗？想到这里，刘伯温便和随从放火烧草屋，接着又相互反捆起来，吊在屋边的树上。

看到草屋起火，常遇春提着猎枪火速赶来，一头冲进茅屋救出母亲。见老母满头鲜血，身子僵硬，常遇春跪在母亲身边痛哭。见常遇春回来，刘伯温和随从大呼救命。常遇春帮他们解下绳子，连问母亲是谁杀死的。刘伯温满脸泪水说："我们外出走走，忽然发现茅屋起火，便赶来救火，岂料一队衢州城里来的官兵将茅屋团团围住，我们便与他们拼命，想救出我的老姐姐。可哪里是他们的对手，我的老姐姐死得好苦，遇春，你一定要为母亲报仇啊！"刘伯温话还没有讲完，常遇春已气得两眼充血，提起拳头大呼："我要把衢州城踏为平地!"收殓了母亲之后,常遇春将母亲的棺材夹在腋下,随刘伯温飞速赶往衢州城。面对残暴的元军,常遇春一马当先,头顶铁轮船,双手举起水碓里的大木轴,朝城门猛撞。守城元军赶忙浇下滚烫的菜油,但菜油都流进了铁轮船。"嘭""嘭""嘭"三声巨响,衢州城终于被砸开,义军不费吹灰之力杀进城去,占领了衢州城。朱元璋率部胜利归来,经过四灵乡(今李家镇)的仰山庙,见庙里供奉的童武像鹤发童颜、银须飘然,觉得好生面熟。忽想起衢州城外偶遇的相地先生,才醒悟过来,原来相地先生是童武显灵。

为感谢仰山菩萨的指点之恩,朱元璋下令翻修仰山庙,并将仰山菩萨塑为金身。临行时,朱元璋又亲笔题词,封仰山菩萨为"武济侯"。从此,仰山庙香火不断,各地香客络绎不绝。

第五节 李家新娘传说

原寿昌县西乡的李家、潘村、劳村同在一条山垅里。本来地势由高到低,可现在的潘村却比李家、劳村地势低,如陷进泥塘里一般。这是什么原因呢?民间流传着一个故事。

从前,潘村地势平整,土地肥沃,连年风调雨顺,百姓过着富足的生活。有一年,潘村的一家大财主选了良辰吉日,准备迎娶新媳妇。迎娶的是李家村的新娘,李家也很富有,可说是门当户对。迎娶的那一天,潘家张灯结彩,好不热闹。日头还未西落,几顶金亮亮的花轿已抬到李家门口。李家为了不失体面,特地在去潘村的路上铺了一里多路的地毯,并在地毯上撒了许多碎银。

消息传开,乡邻震动。潘村财主不甘示弱,马上派长工在迎亲的路上铺上了稻谷,和李家财主铺的地毯连接了起来,这是对乡里摆阔哩!已是傍晚时分,声声唢呐,鞭炮齐鸣,新娘子被前呼后拥抬上花轿,浩浩荡荡的迎亲队伍便出发了。刚抬出门不久,新娘子在轿内听到一种奇异的声音,她忍不住问:"这是什么声响?"轿夫回答说:"你娘家富有,白银铺路哩!"新娘子知书达理,听到银子铺路，虽觉有些不妥，但想到用后还可收回，也就不追问了。不一会儿，来到潘村地界，新娘子又听到一阵"沙沙"的脚步声。她连忙问踩的是什么，轿夫回答说："新娘子，你婆家富有，用稻谷铺路呢！"用稻谷铺路，这不是糟蹋粮食吗？她立即喝令轿夫停下，一定要婆家收拾起路上每一粒稻谷，否则决不前行一步。俗话说覆水难收，这撒下的谷粒哪能一颗不留收回？更何况天将黑了呀！潘家大财主急得团团转，只得央求媒人百般劝说，但新娘子执意不从，双方僵持不下。

且说这个时候，玉皇大帝吃罢晚饭，正躺在龙椅上闭目养神。忽听得人间锣鼓喧天、鞭炮齐鸣，赶忙派千里眼和顺风耳前去察看动静。顷刻，他们探明情况，立即回凌霄殿禀报。玉皇大帝一听，顿时双眉倒竖：朕派五谷神播下五谷，是为了拯救万民，度日备荒，稻谷岂能糟蹋！玉帝大动肝火，龙拳一砸说："我叫这户人家断子绝孙！"千里眼、顺风耳忙为新娘子求情，玉皇大帝捋了捋胡须说："这个，朕自有妙计。"

再说新娘子坐在轿子里闷闷不乐，媒人好说歹说也无济于事。这时，从东山尖飞来一只喜鹊，一头钻进花轿内，新娘子刚想扑打，没想到凤冠上的夜明珠却被它叼走了。新娘子连忙追出轿外，刚跑出潘村地界，忽听得身后"轰隆隆"一声巨响，潘村大财主飞檐大厦顿时塌陷了下去，成了一片汪洋。

传说不足为信，但今天的潘村比劳村地势低却是事实，潘村也没有一户姓潘，而以翁、陈两姓为主。那塌陷的地方如今叫翁底，住户都是后来移居进去的。

第六节　四灵山传说

自盘古开天辟地，神州大地五彩纷呈。东南一隅，建德李家数万年前就有人类生活繁衍。四灵山环抱揖列，聚天地之精华，汇寰宇之灵气，真可谓"龙凤龟麟列四灵，岗岚体势幻真形。风霜历尽浑无恙，毓秀遥联锁囡青"。

第八章 民间传说

关于四灵山，有一则美丽的传说，在寿西民间广为流传。

龙凤龟麟原先在灵栖洞栖息修炼，几十万年过去，他们相继修炼成仙。大师兄龟隐居在李家新桥乌龟洞，二师兄麒麟上了天庭，三师兄龙深居蛟溪，而师妹凤则飞到石鼓畈脚一带，看那里风景秀丽，化成一只五彩金鸡留了下来。

话说凤化成金鸡在畈脚无忧无虑地生活了不知几千几百年，闲看世道变幻，默布祥瑞一方。然而天有不测风云，有一天畈脚突然来了一只恶狗，这狗传说是哮天犬转世，正虎视眈眈地找机会吃掉金鸡。恶狗埋伏在金鸡必经之路，瞅准一个时机，恶狠狠地朝它扑去。金鸡猝不及防，眼看就要被捉，幸好一个烧炭壮汉路过，用扁担将恶狗赶走，救下金鸡。

这个年轻人乃诸葛亮的后裔，随父亲从兰溪诸葛村迁居到寿西诸家，长大分家后住在石鼓畈脚，靠伐薪烧炭为生。他就是畈脚诸葛家的祖先，畈脚人称他为曾曾祖父。曾曾祖父为人忠厚老实，心地善良。

曾曾祖父每天早晨带饭去山上烧炭，傍晚回家休息。这天在回家的路上正好遇上恶狗追金鸡，就出手相救，然后继续前行。

没走几步，见那恶狗又追上了金鸡，眼看就要咬住金鸡。曾曾祖父眼疾手快，用扁担将恶狗打得嗷嗷叫，又一次救了金鸡。

他怕那恶狗又来，索性将金鸡带回家。金鸡朝曾曾祖父看了又看，咯咯地叫着。曾曾祖父抓了一把米，舀了一碗水放在地上让它吃喝。他自己草草吃了晚饭，早早睡觉了。

第二天，曾曾祖父醒来，发现金鸡不见了，米没动，水没少，只见地上写着"西山伐薪烧炭，上洲娶媳成汉"十二个字。曾曾祖父这才知道那金鸡原来不是普通的雉鸡。

不久，曾曾祖父卖炭来到上洲一富翁家，富翁对曾曾祖父的为人早有耳闻，又看曾曾祖父有福相，就将女儿许配给他。女儿出嫁那天，富翁用一粒金子做嫁妆，并对女儿说："这是发家钱，你们的幸福生活还得靠你们自己。"

曾曾祖母是个知书达理的女子，眼看丈夫伐薪烧炭成不了大事，想起祖宗诸葛亮"不成名相，便成良医"的遗训，就鼓励丈夫在烧炭的同时要不忘读书，并拿出那粒金子，让曾曾祖父去城里买医书。曾曾祖父看到金粒，不相信这东西能当钱用，半信半疑地来到县城，竟真的买到许多医书和生活用品。

回到家后，他对曾曾祖母说："这种东西我们炭窑后面的山洞里多得是。"曾曾祖母似信非信地跟曾曾祖父来到那山洞，果然发现有不少金沙。这时，他们听到洞里隐隐传来金鸡啼声，看到金沙上有字迹，仔细读来是一首诗：

劝君莫惜金沙子，劝君惜取年少时。
伐薪烧炭暖几户，行医问药济万世。

夫妻俩这才知道金沙是仙鸡所赐，拜谢一番，捡起金沙回家。从此曾曾祖父不再伐薪烧炭，在家刻苦攻读医书。他还经常向名医请教，博采众长，很快成为一方良医。曾曾祖父秉持悬壶济世的医家精神，给人看病从来不收医药费，说这是回报仙鸡的恩情。

人们将曾曾祖父烧炭遇金鸡的山岭叫作"金鸡岭"。金鸡岭有金鸡的消息一传开，有个外地的商人想将金鸡据为己有。一天，他骑着匹白马来到金鸡岭山脚，将白马拴在一棵很大的桂花树下，就一头钻进大山去找金鸡了。可是金鸡早已隐匿山中不出来了。他转了一圈又一圈，光听到山里隐约有金鸡啼叫，就是不见金鸡影子。他来到一断崖前，看到断崖上有道不大不小的裂缝，心想金鸡很可能就藏在里面，于是拿出工具使劲地凿。到傍晚时分，他凿得筋疲力尽，准备先下山休息，第二天再来。

躲在里面的金鸡听到外面的凿声越来越近，仿佛就要凿空时，凿声戛然而止，还依稀听到收拾工具的声音，知道外面的人要回家休息了。她心想："我进得来就出得去，还怕他找到我不成？但是要给这个坏蛋一个教训。"她等那商人前脚刚走，就用金喙一啄，一下就啄通了，金鸡趁机飞走了。

飞到诸家，她知道这里也是诸葛后裔聚居地，民风淳朴。当地百姓听到金鸡被扰，纷纷赶来保护她。他们看到金鸡飞过来，都翘首祈祷她平安。金鸡十分感动，就停在诸家东面的将军山，隐身其中。人们看将军山越看越像只金鸡凤凰，所以改称它为"凤山"。

曾曾祖父得知消息赶到金鸡岭下，看到拴在桂花树下的白马，一眼就认出这是匹通人性的神马。他走到白马身边，跟它耳语了几句，又给它喂了些草料。

商人眼睁睁看着快到手的金鸡飞走，忙下山来骑上白马准备追。白马早就对作恶多端的主人心怀不满，如今听了曾曾祖父的话，看到主人真要追拿金鸡，就将他掀翻在地。这时凤的三师兄龙闻讯赶来，将财主变成了一个鼓状的顽石弃在附近山上，任由雷电击打。如今每逢打雷下雨，仔细听的话，能听出这里的雷声和别处不同。你仿佛能听到"我痛，我痛"的喊声从山上传来，时刻告诫人们不要做贪得无厌的人。

那白马教训了主人，独自跑到长林源一座山里隐了起来。后人在山上建了一座寺庙纪念它，称为"白马寺"。

三师兄龙看到师妹栖居凤山后，就隐身在长长的南山，后称龙山。龙凤一起守护着这一方勤劳善良的百姓。

再说大师兄在新桥乌龟洞修炼龟息大法，对外界的事不闻不问。二师兄在天庭倒听闻了师妹的遭遇，便扶摇而下来到新桥，敲醒了大师兄。两人见面欢喜不已，一起来李家拜访师弟师妹。

其时李家已是一派祥和景象，龙凤龟麟齐聚蛟溪之畔洞山之侧，摆酒设宴，互叙别后之情，自有一番感人之景。

到了分别之际，龙凤极力挽留，麒麟说："天下没有不散的筵席。"乌龟说："宴席可散，我们四灵想不散倒也可以。我看这一带安泰祥和，正适合本龟转场修炼。本龟愿意放弃新桥那边的洞天，在李家这边另造福地。只是你要放弃天庭的地位可并不容易。"

麒麟经不起老大激将，说："罢了罢了，本麟在天庭过得空虚无聊，远不及咱四灵在一起过得踏实无忧，还可为造福一方略尽绵薄之力。我看西边两座山颇像你我之形，可谓给我们俩天造地设的府第。不如咱们就留下来,相互之间也好有个照应。以后要是想见面,便可'挂杖无时夜叩门',岂不快哉!"

龙凤见两位师兄如此痛快,就趁热打铁,拉上他们的手一起飞到西边的富峰和庐峰。龟见富峰果有几分龟态神姿,就迫不及待隐身其中,还伸出头来拱了一拱,拱成现在我们见到的样子。

麒麟见师兄如此毅然决然,完全不似他慢吞吞的个性,倒是自己此刻还有半分犹豫。心想:"豁出去算了,上到天堂受脚气,不如留在人间接地气。"便跟龙凤道了声再会,也囫囵地隐身进了庐峰。

从此李家形成了四灵守一方的独特地理风貌。钟灵毓秀,出了李频、叶义问这样的杰出人物,可谓风水宝地。正所谓:

富峰之居似盘谷,龙凤龟麟绕吾屋。
山川灵秀独攸钟,门楣伊古推名族。

(本篇作者 杨洪明)

第七节 乌龙大帝传说

建德最西南,李家镇长林村一个叫樱珠畈的地方,一座黄墙黛瓦的小寺庙显地得出现在305省道北侧空旷的田野,这寺庙人称"经堂庙",原名"永佑寺",相传建于元朝延祐元年(1314)。700年来,世事沧桑,永佑寺几经迁址,香火兴衰,留下许多神秘传奇、真真假假的传说。坐镇寺中的乌龙大帝,就充满传奇色彩。

长林永佑寺中的乌龙大帝即乌龙王,他的凡胎生前是一位叫作邵仁祥的处士(旧时称有才德而隐居不仕的人,后亦泛指未做过官的读书人。它也是星名,即少微星)。

邵仁祥,名俊,号安国,睦州青溪(今淳安)清平乡谏平人。隋朝末年(605)出生,自幼在青山环抱、岩石林立的山乡长大,目睹百姓艰难、懂得民间疾苦。他聪慧伶俐、饱读诗书,深谙"水能载舟亦能覆舟"之理,且倜傥飘逸、一表人才。但仕途不济,成为"处士"。他有个怪脾气,平常生活不拘小节,尤其是四处游逛中,碰到平民百姓还点头打个招呼,但对那些在百姓头上作威作福的贪官污吏嗤之以鼻、视而不见。时人又称之为"傲士"。

唐贞观三年(629),上任不久的建德县令周光敏听说有这样一个"傲士",心中很不爽,就想见识见识。一日,听下人禀报邵仁祥到县城来游玩了,周光敏带上一班随从,派头十足地迎面而来,不一会儿邵仁祥就看到他们了。这时,仁祥身穿布制棉衣、脚蹬两齿木底鞋,走起路来吱吱作响,一副不修边幅的样子。周县令心想:你一个读书人,遇上朝廷命官来不及更衣尚可原谅,但总该面带微笑、躬身作揖,行恭敬之礼吧!可是这位"傲人"见其前呼后拥、耀武扬威的样子,偏不作理睬,目不斜视、昂首挺胸,径直往前走去!

回到衙门,周县令越想越气,哪受得了这般"藐视"待遇?他顿时恨意在心:对这样的傲睨放旷之人,必须把他捕来公堂,给他安一个适当的罪名,不信治不服他!

不一会儿,衙役将邵仁祥押至县衙,强令跪下,邵仁祥不跪。"啪!"这周县令一拍惊堂木,怒问:"堂下何人?"他以为这突如其来的质问不说把他吓得尿裤,起码也给他个下马威!谁知邵仁祥仍是面无改色、不屑一顾的样子,抬头直视堂上,朗声答道:"青溪邵仁祥是也。"周县令看他这傲气都摆到他的公堂上了,气更不打一处来,厉声质问:"你可知罪?""草民何罪?"这一反问更让周县令怒火中烧:"你……你你……""我怎么了?"见县令脸憋得通红,一时语塞,便紧逼一句,"光天化日抓我到堂,是我偷盗了还是杀人放火了?"周县令此时已恢复了常态,不紧不慢地说:"你咆哮公堂,见官不跪,藐视朝廷例律。你藐视本官就是藐视朝廷!该当何罪?"周县令觉得自己此时的上纲上线实在高明,越说越激动,容不得仁祥辩解,"大刑伺候!"一声令下,乱棍相加。仁祥大喊冤枉,县令就大叫:"还不服罪?"各种酷刑轮番而上。

一介书生，怎经得住这一阵狂风暴雨！不一会就奄奄一息了。邵仁祥自知在劫难逃了，临死前只留下一句话："三日之内，此仇必报！"含恨而亡。

邵仁祥死后第三天，周县令衙堂正襟危坐，他料想邵仁祥那报仇之说也只是他的"傲气"作怪，谅他死人也翻不起什么风浪！正想着，突然乌云翻滚，雷电交加。周县令浑身一颤，心想不好！突然，一条长三十余丈白蛇，直扑衙堂而来。县令见之，大惊失色，扑通倒地，瑟瑟发抖，语无伦次，大叫几声："处士来也！处士来也！"不一会儿口吐白沫，印堂发紫，痉挛而死。百姓见状也吓得不知所措。突然，一个深沉浑厚的声音从半空传来："与我立庙，年年祭祀，保你平安！"这声音几天都在百姓耳边萦绕，挥之不去！老百姓认为仁祥已成神，于是就在乌龙山麓为他立一小庙，以祈保佑百姓平安。此庙就称"乌龙庙"。

此后，百姓们不仅年年祭祀，遇上天灾之事也来乌龙庙烧香祈福，四时享祭。奇怪的是还真灵验：祈风得风，求雨得雨，于是香火旺盛不衰。后来传说更神奇，朝廷命地方官府平息战事，开战前到乌龙庙祭拜一番竟也能顺利得胜而归。为纪念邵仁祥而建的乌龙庙神助之功早已传到朝廷，故在唐贞观二十年（646），便因邵仁祥阴力征讨高丽有功，遂因山为谥，敕封乌龙王。从此邵仁祥化身乌龙王，享受着四方百姓的祭拜，保佑着一方社会稳定和平安。

天复二年（902），吴越国创建者钱镠（相貌奇丑，谥号武肃王，"婆留"）进封越王不久，他的主要部队"武勇都"左右指挥使徐绾、许再思趁钱镠出巡衣锦城，起兵叛乱，攻打杭州内城，情势危急。据说是乌龙王神助其"抵御淮南之寇"有功，让他化险为夷。因此钱镠出资50万把乌龙庙扩建修葺一番。到了同光四年（926），庙里有了乌龙王神像，并有僧人住持。

明朝至正年间，朱元璋的外甥李文忠镇守严州。元末义军领袖张士诚率叛军多次侵扰江南严州。至正二十五年（1365）春季，张士诚又派李伯升率领二十万大军进攻新城（今浙江诸暨南）。

李文忠率朱亮祖等迅速救援。胡德济派人告知李文忠说："贼军势头极盛，以我八万之师与之抗衡，敌众我寡，恐怕凶多吉少，难以胜算！"李文忠召集诸将仰天发誓道："国家之事在此一举，我不敢贪生而死于三军之后。"遂下令次日早晨与敌军决一死战。次日，大雾笼罩，天空昏暗。李文忠正待利用天时地利，自己亲率中军出其不意。此时有人报告：敌方突然阵脚大乱，丢盔弃甲，仓皇退去。原来据抓到的降兵说，他们排兵布阵刚完，突然间云遮雾罩，抬头看时，见云头有巨人皆长丈余，戈戟麾旌，出没烟云间，正向地面压将下来。李伯升阵营里不知谁大叫一声："乌龙神兵至矣！"顿时，灵敏者落荒而逃，胆小者跪地而降。李文忠前锋到达敌方阵前，没有一个敢抵抗的。这一仗原来又是乌龙神阴助大捷，以一当百，奏凯而还！

邵仁祥化身乌龙王神助人间息战事、保平安的传说还被元末明初文学家施耐庵写进《水浒传》里，其中第一百十七回"睦州城箭射邓元觉，乌龙岭神助宋公明"就专门写了宋江受招安后征讨方腊起义军的事。小说写宋江带兵追讨反被方腊手下的郑魔君"使妖法，黑暗了天地，迷踪失路"，部队自乱。正当宋江仰天长叹"莫非吾当死于此地矣"时，乌龙王白日托梦宋江，告诉他"方十三气数将尽，只在旬日可破"。宋江不仅记得梦中秀才的名字"姓邵名俊"，连衣着打扮都历历可见："头裹乌纱软角唐巾，身穿白罗圆领凉衫，腰系乌犀金鞓束带，足穿四缝干皂朝靴。"惊醒后到松树林寻访梦境，果然有"乌龙神庙"，且殿上塑的龙君圣象也如梦中所见一样。可见邵仁祥与乌龙王的故事已经家喻户晓。

话说因宋南渡，韩世忠、岳飞为镇压苗傅和刘正彦发动的兵变，追苗寇残余力量，兵过鱼梁（今寿昌十八桥至航头一带）。为避战乱，鱼梁人邵宗寿带着族人寻来长林定居，成为长林邵氏始迁祖。查《长林邵氏宗谱》，邵宗寿乃邵仁祥后裔第三十三世孙。他来长林，开山造田，以种"天青"为主（天青是陶瓷中青瓷釉色的一种。此指能提炼天青的植物），勤奋富家，很快邵氏一门大家庭雇有36个长工,家族发展成"后宅、新亭、下畈、五家头"四房。百多年后,长林成了一座小城,四周有城墙,有门台。城中四方有防火池塘,还各有名字,其中"光裕塘"至今还在,并且仍发挥着灌溉、防火、洗刷等功能。

氏族强大,人丁兴旺,宗寿后人就考虑如何保护族人生活幸福安康。于是就选择了村东头水竹篷小山坡建造了一座永佑寺(取义"永远保佑大家幸福安康"),供族人祈祷祭拜。这已经是元朝延祐元年(1314)了。

也不知什么时候开始,永佑寺不仅只是邵族人,还有叶、刘、祝等后迁来的客姓,每逢春节大年初一,都选定吉时来这里上香祈愿,祈祷新的一年五谷丰登、一家幸福平安。但不知道又从何年开始,每年祈愿还家,都会不明不白地失踪一两个人。这种现象让村民不寒而栗。后来,每逢春节新年开门,众人恂恂而起,先到祠堂,而后从祠堂鸣锣开道,众人不准发出任何声音,互不问好应答,只顾疾走狂奔,谓之"出阙"。这样做还是免不了有人失踪。怎么办?有人请来风水先生一看,原来永佑寺所在的方位是一"虎形",与相距不远的牛盘山一道正好形成"金牛盘坐虎出山"之势!出山虎要吃人!于是族中首事商议,将永佑寺迁址。清朝嘉庆元年(1796),永佑寺举长林一村之力,迁址于樱珠畈。永佑寺迁址后大家都忌讳以前有人失踪之事,所以常来这里虔诚念经,超度亡人。时间一久,永佑寺被人叫作"经堂庙",后来甚至差点就把本来的名字忘掉了。

新的寺庙建成,庙里要塑一尊供奉的神像,大家都想到了"乌龙王",他是长林邵氏先人邵仁祥的化身,几百年来多次被朝廷敕封,坐镇永佑寺实至名归。再加上那一年是龙年,所以,新的永佑寺以乌龙王为主殿神像,并名之"乌龙大帝"。从此,每逢除夕、大年初一,全村家家户户都来祭拜乌龙大帝。每年农历"三月三"正是乌龙大帝(邵仁祥)的诞辰,为纪念这位真神和祈求新年风调雨顺、平安多福,这一天大家都来永佑寺聚会,上香、焚纸钱、呈贡品,逐渐形成了"三月三"庙会。这不仅表现百姓们对乌龙王的敬仰与爱戴，也表现了众人对幸福平安的祈求与渴望！尽管永佑寺历经兴衰，但长林"三月三"庙会一直被延续了下来，并且从单纯地祭祀"乌龙大帝"发展到今天的农产品物资交流会。它既是一种传统文化的继承，又反映了社会经济的发展！

（本篇作者　唐国强）

参考文献

[1] 建德县地名委员会.建德县地名志[M].1985.

[2] 建德县林业局.建德县林业志[M].1987.

[3] 建德县党史县志办公室.李频诗集校释[M].胡才甫,注.1990.

[4] 建德县党史县志办公室.建德革命斗争大事记（1840—1949）[M].1991.

[5] 中共建德市委党史研究室,建德市地方志办公室.中共建德地方史（1919—1949）[M].1992.

[6] 建德县民政局.建德县民政志[M].1993.

[7] 邵永铨.长林邵氏宗谱[M].1993.

[8] 中共建德市委党史研究室,建德市地方志办公室.建德市情胜记[M].北京:当代中国出版社,1993.

[9] 李建国.可爱的杭州:建德卷[M].杭州:浙江人民出版社,1994.

[10] 中共建德市委党史研究室,建德市地方志办公室.建德大事记[M].北京:中国书籍出版社,1995.

[11] 李文初,等.中国山水文化[M].广州:广东人民出版社,1996.

[12] 孙跃.杭州百镇通览[M].杭州:浙江古籍出版社,1996.

[13] 建德市土地管理局.建德市土地志[M].北京:中国大地出版社,1999.

[14] 宋传水,袁成毅.杭州历代名人[M].杭州:杭州出版社,2004.

[15]《建德市军事志》编纂委员会.建德市军事志[M].北京:中华书局,2006.

[16] 建德市旅游商贸局.浙江省建德市风景旅游志[M].上海:上海人民出版社,2008.

参考文献

[17] 方韦.严州史话[M].天津:天津古籍出版社,2008.

[18] 罗嘉许.严陵山水[M].天津:天津古籍出版社,2008.

[19] 罗道平,尧志刚.建德文物[M].天津:天津古籍出版社,2008.

[20]《建德林业志》编纂委员会.建德林业志[M].杭州:浙江人民出版社,2009.

[21]《建德市志》编纂委员会.建德市志(1978—2005)[M].杭州:浙江人民出版社,2010.

[22] 骆新民.李家古今诗词选[M].杭州:杭州出版社,2011.

[23]《建德市志》编纂委员会.建德市志(1978—2005):严州历代文献辑存[M].杭州:浙江人民出版社,2011.

[24] 建德市第三次全国文物普查办公室.建德古韵[M].杭州:西泠印社出版社,2012.

[25] 杭州市第三次全国文物普查领导小组办公室,杭州市园林文物局.杭州古民居[M].杭州:浙江古籍出版社,2013.

[26] 政协建德市委员会.古城寿昌[M].杭州:浙江古籍出版社,2013.

[27] 建德市文化广电新闻出版局.建德非遗概览[M].杭州:浙江古籍出版社,2014.

[28] 陈利群.严州文化研究论文集[M].北京:中国文史出版社,2015.

[29] 方韦.李频诗集编年笺注[M].北京:中国文史出版社,2015.

[30] 建德市民政局,《建德市地名志》编纂委员会.建德市地名志[M].北京:方志出版社,2015.

[31]《寿昌镇志》编纂委员会.寿昌镇志(上、下)[M].杭州:西泠印社出版社,2016.

[32] 政协建德市委员会.行走寿昌江[M].沈伟富,撰稿.杭州:浙江古籍出版社,2016.

[33] 建德市家谱文化研究会.谱人之家:第七辑[M].唐国强,辑录.2018.

[34] 建德市文化广电新闻出版局.留住乡愁(上、下)[M].杭州:

浙江古籍出版社,2018.

[35]政协建德市委员会.民国寿昌县志[M].沈伟富,点校.杭州:浙江古籍出版社,2019.

[36]朱睦卿.严州名人[M].杭州:杭州出版社,2020.

[37]建德市家谱文化研究会，等.建德家谱八景诗选[M].北京:当代中国出版社,2020.

[38]建德市史志办.建德往事:第一、八、九、十、十二、十三辑[M].上海:文汇出版社.

[39]《建德市志》编纂委员会.建德年鉴（2000—2021）[M].北京:方志出版社.

[40]建德县水利电力局.建德县水利志（860—1985）[M].1986.

[41]《建德市水利志》编纂委员会.建德市水利志（1980—2005）[M].2008.

[42]建德市老龄工作委员会.碧血留青史[M].1992.

后记

  每一个地方都有自己独特的文化内涵。李家镇地处浙西山区，特殊的地理环境孕育了深厚的历史文化底蕴和鲜明的历史人物性格。李家镇丰富的历史文化和自然景观有待我们好好地挖掘收集、整理研究，充分运用到乡风文明建设中去，更好地为乡村振兴服务，赋能同走共富路。

  俗话说事在人为，凡事兴举与成功只在得人而已。李家镇新一届领导班子上任不久，就正式下文启动"赓续历史文脉，乡贤编纂乡史"主题活动，他们认为"历史文脉作为传统文化的重要组成部分，蕴含着乡村治理的智慧与经验，是促进乡村和谐稳定发展的重要基石"。由此可见，他们对李家镇历史文化的重视程度，令人敬佩又高兴。因此，当镇里有关领导出面邀请我们几个人参加编撰组工作时，出于一片桑梓之情，我们都满口应允。

  2022年4月11日上午，李家镇在石鼓村举行"赓续历史文脉，乡贤编纂乡史"主题活动启动仪式，我们编撰组的四名成员在镇、村两级有关人员的支持帮助下，正式开展工作。我们逐村开展走访活动，实地收集李家历史文化、自然山水、人物事迹、美丽乡村、遗址古迹、红色文化、古文诗词、民间传说、家谱文化等相关资料。

  在这个过程中，各村积极配合，使集体采访活动开展得十分顺利。村级文化员事先走访了解，全面收集本村的相关情况和历史资料，为编撰组采访工作打好前站；及时邀请熟悉本村历史文化的老同志参加集体采访座谈会；全程陪同编撰组走村入户实地走访采集信息，当好向导。许多村主要领导亲自参加采访座谈会，提供珍贵资料，并安排有关人员做后勤保障工作。

　　编撰组经过两个多月的实地采访，广泛收集、掌握了较为丰富的素材之后，又到档案馆、图书馆查阅相关史料。在此基础上开始对收集到的资料进行分类梳理、分析研究，提出编撰思路和建议。当李家镇领导明确提出编著要求后，我们编撰组就进行分工负责，着手撰写《走进李家》书稿。

　　编撰此书的根本目的，就是要讲好李家镇的真实故事，让更多的读者了解李家镇的历史文化，尤其是要让本地人听明白，提振精神，赋能共富。因此，我们编撰的指导思想比较明确：突出资料性，兼顾可读性，体现正能量，侧重史料呈现，展示李家镇从古至今的主要史实。

　　从拟定写作提纲到编撰修改，数易其稿，前后历时近一年，经过大家的努力，《走进李家》书稿得以完成。全书约11万字，从八个方面有重点地记述李家镇的历史人文和自然景观，相当于李家镇乡土文化的"内容提要"。需要说明的是，因时间紧迫和篇幅所限，李家镇乡土文化还有很多值得向广大读者推介的精彩内容，有待将来新的文本继续向广大读者展示。

　　由于时间仓促、资料有限，书中肯定还存在着粗陋、错漏等不尽如人意之处，敬请读者批评指正。期待将来能够继续在深入研究李家镇历史文化过程中，有机会加以补充修正。

汪国云
2023年1月26日